生きづらい自分がすーっと楽になる
「こころのゆるめ方」

セラピスト・世界噴水巡り人
地蔵保幸

噴水の周りには幸せがあふれている

世界の癒し系噴水が大集合！

コスモ21

カバーデザイン◆中村　聡

●はじめに

　私たちは悩みます。そして悩むことに悩みます。すると、何がしたいのか、何をしたらいいのかわからなくなります。ときには、自分自身の存在意味もわからなくなり、まったく前に進めなくなることもあるでしょう。

　自分はどうしてこんなに生きづらいのだろうと考えれば考えるほど苦しくなります。あまりに気持ちが重たくて、押しつぶされそうになる。そんなとき「だから、自分を変えたらいいよ」と言われると、変われない自分に不安や恐怖心が募るばかり。

　私はセラピストとして（悩み相談万屋として）、本人が背負いきれないほどの悩みを抱え、苦しんでいる方たちと向き合ってきましたが、いつもこのように語り掛けます。

　「漠然と自分を変えようとしても変われるものではありませんよ。何よりも大切なのは、考え方を変えること。考え方が変わると、気持ちが変わり、あなた自身も変わっていきますよ」と。

　あなたは、どんな自分に苦しさを覚えていますか。

　希望が持てない自分、人に合わせるのに疲れている自分、つくり笑いばかりしている自分、不安に押しつぶされそうな自分、人の気持ちがわからない自分、何をしたらいいのかわからない自分、自分が何者かわからない自分、人といると疲れる自分、いつもひとりぼっちの自分、傷つきやすい自分、後悔ばかりしている自分……

　そんな自分になるような考え方、感じ方が染みついていることに気づいていますか。

　まず、緊張して固くなった自分の心をゆるめてください。心の緊張がほどけてくると、自分を苦しめていた考え方、感じ方が見えてきます。そして、どんな考え方、感じ方が自分に必要なのか見えてきます。本書は、それを手助けするためにあります。

　パート1にある噴水を眺めて、心がほっとする噴水を探してみてください。そして、そこにあるメッセージを読んでみてください。きっと、心がゆるんできて、今のあなたにいちばん必要な考え方、感じ方を見つけるヒントをつかんでいただけると思います。

あの日、私はあまりに重くて暗い気持ちを引きずったまま、夕暮れ空の闇に包まれたある駅前で車を降りました。そのとき、顔に冷たいものが……。「あっ、雨だ！」。その瞬間、足早に駅構内へ駆け込む自分の姿が頭をよぎりました。

　しかし、すぐに何かが私の足を止めました。振り返ると、そこには「激しく躍動する」という表現がぴったりの大きな円錐状の噴水があったのです。私の顔に当たった冷たいものは雨ではなく、風に飛ばされたこの噴水のしぶきでした。

　噴水の形は円錐で、その頂上は斜めにカットされていました。瞬間、未完成の塔といわれる「バベルの塔」が思い浮かびました。旧約聖書に登場するこの塔は、16世紀を代表する画家ピーテル・ブリューゲルの代表作『バベルの塔』で描かれ、他の画家たちも描いていますが、その姿はいろいろ変化しています。

　この噴水の円錐の塔も、てっぺんから溢れんばかりに噴き出す水によって、その姿がさまざまに変化していくようです。表情豊かで迫力のある噴水に圧倒された私は、飛び散る水しぶきを感じながら、ただただ呆然と立ち尽くしていました。

　すると突然、噴き出す水と水がぶつかり合う音、水と地面とがぶつかり合う音が拍手の音のように聞こえてきたのです。そして、たくさんの人たちが私に「大丈夫。頑張れ！」と声援を送ってくれているように感じられたのです。すると、真っ暗だった私の心がゆるみ、明るい光が差しこんできました。こんなふうに考えたら、感じたらいいんだと語りかけられていると思ったのです。

　それは私にとって、「噴水からの声」を聴いた瞬間でした。それ以来、私は38年間、世界中の噴水を巡り歩いています。日本の１都１道２府43県の噴水はもちろん、南米、北米、ヨーロッパ、アフリカ、中近東、アジア、オーストラリアなど、すでに世界六大州93カ国にある約2000カ所の噴水に出会っています。本書では、その中から、とくに癒しの感じられる噴水51カ所を選んでいます。

　掲載している噴水写真は、すべて私が撮影したものです。38年にわたって噴水写真を蓄

積していますが、本書の噴水写真は、この度の出版に際し2013年から数年かけて現地を訪れ、本書のテーマをイメージしながら撮り直したものです。

　ただし、取り上げた噴水が撮影後もそのまま存在しているとは限りません。また、冬季は稼働していない場合もありますし、稼働していても水が噴き出している時間や曜日が限定されていることもあります。さらに、水不足や節電、故障などで一時的に噴水を停止していることもあります。

　ですから、もしご覧に行かれるなら、地方自治体などの所有者や管理者に確認するか、HPなどで最新情報を確認のうえ、お出掛けくださいますようお願いいたします。

　なお、掲載している噴水に関する情報、場所やアクセス方法、所要時間などはおおよそのもので、状況に応じて変わる場合もあります。そのことをご了解のうえで活用してください。こうした情報を参考にしたことで発生したいかなる損失、損害、トラブルに対しても、本書の性格上責任は負いかねますので、ご了承ください。

　私にとって人生は、自分に合った噴水を探す旅のようです。そんな噴水に出会ったとき、心がほっとしてゆるみ、緊張が取れて、今の自分にもっと必要な発見を得ることができます。本書で読者のみなさんに、同じような体験をしてもらえたら、これ以上に幸いなことはありません。

　パート１に登場する噴水にはそれぞれ、［噴水の心理指数］を掲載しています。これは、噴水から思考への刺激の程度を表わす思考指数と、感情への刺激の程度を表わす感情指数から構成されています。くわしくはパート３で述べることにしますが、噴水からの刺激の程度を１から10までの数字で表示しています。１に近いほど刺激の程度は弱く、10に近づくほど刺激の程度は強くなります。

　51個の噴水の中で、ピタッとくる噴水を見つけたら、そのページにある心理指数をチェックしてください。今の自分に必要な思考的刺激と感情的刺激のバランスがわかります。

生きづらい自分がすーっと楽になる「こころのゆるめ方」 ……もくじ

● はじめに ……3

Part1　生きづらさを感じているあなたへ

▶ 希望がないと悲観するあなたへ（ダ・ヴィンチ空港近くの紳士の噴水・イタリア）……… 10
▶ 人に合わせすぎているあなたへ（エルアラメイン噴水・オーストラリア）……… 12
▶ 望みが高すぎるあなたへ（レセルバ公園の噴水・ペルー）……… 14
▶ 頑張りすぎるあなたへ（ダラスの世界最大級の馬像噴水・アメリカ）……… 16
▶ くよくよしているあなたへ（クラウン噴水・アメリカ）……… 18
▶ 人に頼りすぎてしまうあなたへ（バッキンガム噴水・アメリカ）……… 20
▶ 何の取り柄もないと感じているあなたへ（ユニオン駅前の噴水・アメリカ）……… 22
▶ つくり笑顔しているあなたへ（ショッピングモール「パビリオン」前の噴水・マレーシア）……… 24
▶ 悪いことばかりと落ち込んでいるあなたへ（東本願寺前の蓮華の噴水・日本）……… 26
▶ 落ち着きのないあなたへ（フォートワースウォーターガーデンズ内の噴水・アメリカ）……… 28
▶ 口ベタを気にするあなたへ（ペテルゴフ宮殿の庭園の噴水・ロシア）……… 30
▶ 人に迷惑かけていると気にするあなたへ（ティンゲリーの10基の機械式噴水・スイス）……… 32
▶ 自分はいつも孤独だと思っているあなたへ（マクアリー・プレイス・パークの噴水・オーストラリア）……… 34
▶ 不安に押しつぶされそうなあなたへ（韓国銀行貨幣金融博物館前の噴水・韓国）……… 36
▶ 気持ちがうまく伝えられないあなたへ（山形県郷土館「文翔館」の噴水・日本）……… 38
▶ いつも疲れているあなたへ（ドンスアン市場内の噴水・ベトナム）……… 40
▶ 疑心暗鬼になっているあなたへ（サンテック・シティモールの富の噴水・シンガポール）……… 42
▶ コンプレックスに悩むあなたへ（青葉緑地の噴水「ZEN」・日本）……… 44
▶ 惑乱しているあなたへ（ウィン・マカオ・ホテルの噴水・マカオ）……… 46

▶人生経験が少ないと感じるあなたへ（新天地北里の噴水・中国）………48
▶人に対して厳しく接してしまうあなたへ（サルバドール・アスプリー庭園の噴水・スペイン）………50
▶無力だと感じているあなたへ（レセルバ公園の噴水・ペルー）………52
▶物事を悪く考えてしまうあなたへ（山形県県民会館の噴水・日本）………54
▶自分を追い込んでいるあなたへ（リアド・バマガの噴水・モロッコ）………56
▶思いこみの強いあなたへ（イゴール・ミトライの噴水・イタリア）………58
▶人の気持ちがわからないというあなたへ（トリトーネの噴水・イタリア）………60
▶理想が高いあなたへ（セナド広場の噴水・マカオ）………62
▶自分のことを理解してほしいあなたへ（和田倉噴水公園の噴水・日本）………64
▶私はひとりぼっちと悩むあなたへ（向日市の噴水公園の噴水・日本）………66
▶すぐに飽きてしまうあなたへ（サン・ピエトロ広場の噴水・バチカン）………68
▶自分のことより人のことを大事にしてしまうあなたへ（岩国市吉香公園の噴水・日本）………70
▶相手のことがわからないと思っているあなたへ（ベラージオ・ホテル＆カジノ前の噴水ショー・アメリカ）………72
▶神経質なあなたへ（高知市中央公園の噴水・日本）………74
▶何をしたらいいのか、わからなくなっているあなたへ（平和公園の噴水・日本）………76
▶弱気になっているあなたへ（中央郵便局前の噴水・フィリピン）………78
▶試練にぶつかっているあなたへ（函館公園の噴水・日本）………80
▶自分がないと感じるあなたへ（ドバイ・ファウンテン・アラブ首長国連邦）………82
▶何を話しても軽く受け取られてしまうあなたへ（鹿児島市中央公園の噴水・日本）………84
▶すぐ他人を非難してしまうあなたへ（富山県庁前公園の噴水・日本）………86
▶積極的な人になりたいあなたへ（スティルマン駅近くで見かけた噴水・インドネシア）………88
▶後悔ばかりのあなたへ（九龍公園の噴水・香港）………90
▶傷つきやすいあなたへ（チットラダー離宮前の噴水・タイ）………92
▶騙されやすいあなたへ（愛のシーサー公園の噴水・日本）………94
▶人と比べてしまうあなたへ（久屋大通公園の希望の泉・日本）………96

- ▶ ユーモアがなくて、というあなたへ(カタルーニャ広場の噴水・スペイン)………98
- ▶ 焦って視野が狭くなってしまうあなたへ(飯田市中央公園の噴水・日本)………100
- ▶ 人といると疲れるあなたへ(ヘルブルン宮殿の仕掛噴水・オーストリア)………102
- ▶ 大切な人を亡くしてしまったあなたへ
  (ウランバートル公立公園エリアの荒馬ならし像の噴水・モンゴル)………104
- ▶ 失敗を悔やむあなたへ(サンタ・マリア・デ・ラ・カベサ通りロータリーの噴水・スペイン)………106
- ▶ 夢を諦めているあなたへ(レジェンドアウトレットカンザスシティ内の噴水・アメリカ)………108
- ▶ なんでも自分でやらないと気がすまないあなたへ(旧市街の11基の噴水・スイス)………110

Part2　噴水たちに癒される

1. 噴水の真価………114

　噴水との出会い　114／噴水のある風景　115／ドラマの小道具としての噴水　116／噴水の定義　117／噴水クロニクル　117／ユニークな噴水たち　118／バラエティ豊かな世界観　120／風景に溶け込む噴水　121／噴水がもたらすもの　123／ぴったり感が癒しのもと　123／見る水に癒される　124／聞く水に癒される　125／触れる水に癒される　126／人と水の触れ合いがもたらすもの　127

2. 世界の噴水あれこれ………128

Part3　噴水セラピーのすすめ

「5つ星噴水」　144／噴水を人に見立てるポイント　144／2つの視点で考える　145／10段階の度合いを感じるユニークな見方　149／声を聴くには　150／噴水セラピーの方法　151／噴水との相性　152／心理的症状と性格的傾向への噴水セラピー的アプローチ例　155

◎おわりに………162

Part1

生きづらさを感じているあなたへ

雨に唄えば……

ダ・ヴィンチ空港近くの紳士の噴水

イタリア／ローマ　Italy/Rome

噴水からのメッセージ

希望、それはどのような状況であっても望みが叶うと信じること。だから、あなたの希望がなくなることはないよ。

【心象】円形の水盤の中央に、レインコートを着た紳士が傘をさしているようです。凛としたシルエットにそこはかとない知性が感じられます。土砂降りの雨の中で主人公が歌を歌いながら踊るシーンが有名なミュージカル映画『雨に唄えば』を、なぜか急に見たくなりました。噴き出される水が傘をつくりますが、雨をしのぐというより、濡れながらも動じないその姿に心が共鳴します。

▶希望がないと悲観するあなたへ

将来に対して悲観していると、どこに向かえばいいのか、何をすればいいのか、何ができるのか、わからなくなってきます。でも、それは希望を失ってしまったということではありません。希望が見えなくなっているだけなのです。大切なのは、未来と自分を信じること。信じる心さえあれば希望は取り戻せます。どんなに希望のもてない状況であっても「信じて生きる」ことを続けていれば、必ず未来は開けてきますよ。

【噴水ミニ情報】

美術館や古代遺跡などたくさんの見どころのあるイタリアは、世界でもっとも世界遺産保有数の多い国。中でもコロッセオやカラカラ浴場など古代ローマ帝国時代の遺跡の残る首都ローマは魅力的な観光スポットのある街です。そのローマは芸術の街とも称され、街を歩けば数多くの貴重な芸術作品に出会うことができます。イタリアを代表する芸術家レオナルド・ダ・ヴィンチ。彼の名前を冠した空港の近くに、この噴水はあります。

【アクセス】
フィウミチーノ空港（別名レオナルド・ダ・ヴィンチ空港）から目的地までは徒歩約10分。

【アドレス】
Via Arturo Ferrarin,
00054 Fiumicino RM,
Italy

噴水心理指数
思考指数：■■■ 3
感情指数：■■■ 3

"水の綿毛"がフワフワ

エルアラメイン噴水

オーストラリア／シドニー　Austraria/Sydney

噴水からのメッセージ

みんなと同じことができなくてもいいじゃない！
自分らしさをなくしてまで、同じようにすることはない。

▶▶ **人に合わせすぎているあなたへ**

あなたは協調することを大切にしていますよね。でも、合わせるために無理をしていないですか？ そのままでいると、自分自身を失くしてしまいますよ。周りに合わせることは大切ですが、自分を殺してまでやっていると苦しくなります。ありのままの自分を認めてあげましょう。そうすると、自分のことはもちろん、他者のこともはっきり見えてきますよ。きっと、そこに生まれてくるのが本当の協調。

【心象】中心から伸びる何十もの噴き出し口によって、美しく丸い形状がつくられています。一本一本の噴き出し口から噴き出される水によって、まるで巨大なタンポポの綿毛が宙に浮いているようです。公園の緑の中、ここにすべての光が集められているような輝きがあります。

【噴水ミニ情報】
南半球最大の歓楽街といわれるキングスクロス。昔ながらの建物や、雰囲気のあるカフェやレストラン、お洒落なブティックが数多くある個性的な街です。その中心であるフィッツロイ・ガーデン入り口の噴水は、昼は爽やかな表情で行き交う人たちの気持ちを明るくさせ、夜はライトアップされたキラキラと輝く表情でうっとりさせます。

【アクセス】
シドニー国際空港からタクシー、バス、電車などで、いずれもシドニー市内まで約30分。市内のハイドパークから、なだらかな坂道を歩いて約20分。キングスクロス駅から徒歩約5分。

【アドレス】
Fitzroy Gardens, 60-64 Macleay Street
Kings Cross 2011, Austraria

水のトンネルを抜けると……

レセルバ公園の噴水

ペルー／リマ　Peru/Lima

噴水からのメッセージ

なんでもできていると信じているけど……
できていないこともあるよ。

▶▶望みが高すぎるあなたへ

能力が高い人ほどどんどん結果もついてきますが、目標ももっともっとと高くなってしまうもの。目標が高くなっていくことは素晴らしいことですが、注意してください。現実から離れすぎた目標を追いかけてしまうこともあるからです。大きな失敗を味わうことになるかもしれません。大切なのは、目標を達成するたびに、いったん立ち止まって自分をしっかり振り返ることです。

【心象】何本もの水の輪によってつくりだされる水のトンネル。くぐり抜けたら、どこかに行ってしまうのではという神秘的な気分になります。昼間と夕方と夜では自然光や照明の当たり方によって異なる顔を見ることができます。トンネルの向こうに、未来と過去、そして現在を感じさせてくれる不思議な噴水です。

【噴水ミニ情報】
「公共公園内にある世界最大の複合噴水施設」としてギネスブックに認定されています。広い園内には13基の噴水が設置され。公共の公園とは思えない、まるでテーマパークのような公園です。全部の噴水を見てまわるには2時間以上かかるでしょう。どの噴水も魅力的で輝いています。この水のトンネルのような噴水もそのひとつです。

【アクセス】
ホルヘ・チャベス国際空港から市内へは流しのタクシーや路線バスではなく、空港タクシーが安全で快適。目的地まで約30分。

【アドレス】
Esquina Av. Petit Thouars cdra. 5 con Jr. Madre de Dios, Cercado de Lima, Peru

その迫力は本物以上！

ダラスの世界最大級の馬像噴水

アメリカ／ダラス　U.S.A/Dallas

噴水からのメッセージ

欲張らなくてもいいよ。
もう十分に頑張っているのだから。

▶頑張りすぎるあなたへ

真面目に頑張るのは素晴らしいことです。でも、頑張りすぎて心が燃え尽きそうではありませんか。頑張ってきたからこそ疲れていませんか。それでは力を抜くことができません。頑張ることの大切さをわかっているあなただからこそ、ときには、頑張っている自分を認めて、ほめてあげてください。「よく頑張っているね！」と。

【心象】なによりも、造形物とは思えない9頭の馬たち。馬の脚もとから噴き出される水しぶきが、まるで本物の馬が走っているかのような空間をつくりだしています。この疾走感あふれる生き生きとした馬の姿に引き込まれていくようです。はじめて目にしたとき、その美しさと迫力に感極まって涙が出たことを思い出します。ライトアップされる夜に訪れると、私たちの中に馬たちがいるのではなく、馬たちの中に自分がいるような感覚にさせられます。

【噴水ミニ情報】
テキサス州ダラス郡の都市、アービング。ビジネス街として栄えるラスコリナス地区には、高層オフィスビルやホテルが立ち並び、飲食店も増えています。そんな高層オフィスビルに囲まれた広場の中心にあるのが、世界最大級の馬像噴水。というより、ここが商業地域であることを忘れさせてしまうような馬たちがいます。隣接するビルにはミュージアムがあり、製作過程を見ることもできます。

【アクセス】
ダラス・フォートワース国際空港から市内へはDRAT、相乗りのバン、タクシーなどで。目的地までならタクシーの利用が手軽ですが、帰路を考えれば、おすすめはレンタカー。目的地のアービングまで約15分。

【アドレス】
5221 North O'Connor Road #110E, Irving, TX 75039, U.S.A

噴水心理指数
思考指数：■■■■■■■7
感情指数：■■■■■5

ここに俺がいる！

クラウン噴水

アメリカ／シカゴ　U.S.A/Chicago

噴水からのメッセージ

上手くいかなかったのはどうしてかと考えすぎない。どうしたら上手くいくかを考えて。

▶くよくよしているあなたへ

こだわりが強くて真面目なあなたは、あれやこれやと考えこんでしまいませんか。深く考えることは悪いことではありませんが、いくら考えても答えのないことも多いでしょう。うまくいかないことを考えるのは止めて、今の自分を目いっぱい感じてみたらいい。くよくよ悩んでいる時間がもったいなくなりますよ。

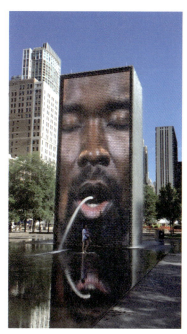

【心象】迫力満点の巨大な長方形の造形物を見ただけで、アメリカのスケールの大きさが伝わってきます。巨大スクリーンに映る顔は、表情が微妙に変化し、時折、口もとの動きに合わせて口から水が出ます。頂上から水が壁の側面を滝のように流れ落ち、涼しげな水しぶきをあげます。その心地よさがたまらない噴水です。

【噴水ミニ情報】
多様な民族国家アメリカの中西部にシカゴはあります。米国第3位の人口をもつ大都市で、建築史に残る超高層ビル群でも知られています。その中にあるミレニアム・パーク内でひときわ存在感を放っているのがこの噴水です。子どもから大人まで楽しめる噴水で、訪れる人たちの憩いの場になっています。

【アクセス】
シカゴ・オヘア国際空港から目的地まではタクシー、乗り合いのバン、電車などで。タクシーなら約30分。電車なら最寄のワシントン・ワバッシュ駅まで約50分。駅からは徒歩で数分。ミレニアム・パークの最寄駅はミレニアム駅やランドロフ・ワバッシュ駅などがある。

【アドレス】
201 E Randolph St, Chicago, IL 60602, U.S.A

天まで届け！

バッキンガム噴水

アメリカ／シカゴ　U.S.A/Chicago

噴水からのメッセージ

周りはなにもしてくれないと嘆かない。
大切なのは自分が人のために何ができるかだよ。

▶▶ **人に頼りすぎてしまうあなたへ**

自分のことを信頼できていますか。もしできていないのなら、人に頼りすぎているかもしれません。それでは、自信がもてませんし、知らぬ間に人に迷惑をかけてしまうことでしょう。大切なのは、自分を信じて自分に頼ることです。きっとそこから自分への信頼が生まれてきますよ。

【心象】とにかく大きな噴水で、一つひとつの彫刻物も大きく、凝った造りは生き生きとしています。水の噴出のピーク時には彫刻物の存在がわからなくなるほど、すっかり水で包まれます。その迫力は圧巻。街のビル群とのコントラストは美しく、ミシガン湖をバックに眺めると開放感バツグン。夜のライトアップが醸し出す異空間は感嘆するばかりです。

【噴水ミニ情報】

50の州で構成されるアメリカ。イリノイ州のシカゴは同州最大の都市で、大きくて立派な建物と自然が共存する美しい街。シカゴ市民の憩いの場であるグラント公園はシカゴのフロント・ヤードと呼ばれています。その公園内にバッキンガム噴水があります。街の象徴的な存在であり、世界最大級の噴水としても知られています。冬の期間は噴水の水は止まっています。

【アクセス】

シカゴ・オヘア国際空港から目的地まではタクシー、乗り合いのバン、電車などの移動手段がある。タクシーなら約30分。電車で最寄のジャクソン駅やアダムズ・ワバッシュ駅までは約50分。そこから徒歩約15分。バッキンガム噴水のあるグラント・パークの最寄駅はハリソン駅などがある。

【アドレス】

301 S Columbus Dr, Chicago, IL 60605, U.S.A

ユニオン駅前の噴水

アメリカ／カンザスシティ　U.S.A/Kansas City

華麗なる
〝水の踊り子たち〟

> 噴水からのメッセージ

私には魅力がないなんて言わないで。あなたには気持ちの強さと大きな想いがあるじゃない。

▶何の取り柄もないと感じているあなたへ

うまくいかないことが続くと、自分はなにもできないと思ってしまうことがありますよね。できないことにとらわれていると、たいていのことは人並みにできているのに、自分にはなにもできないと思ってしまうこともあるでしょう。できない自分より、どんな小さなことでもできている自分に目を向けてください。大切なのは、自分には何ができるかを考えること、できることを伸ばすこと。やる気が出てきますよ。

【心象】カンザスシティのシンボルとされているレトロ感あふれる石造りの駅の前に、景観にぴったりマッチしたシンプルで大きな造形物が。その洗練された雰囲気に心が和みます。中心から空に向かって噴き出されるいくつもの水たちは、とても激しく近くに寄ろうものなら、オズの国に飛ばされてしまいそうです。夜のライトアップで神々しい装いを見せ、目をつむれば美しい音色も聴こえてきます。

【噴水ミニ情報】
ファッションにカルチャー、エンターテイメントなど、何かと影響力のあるミズーリ州にカンザスシティはあります。アメリカのど真ん中にあることから「ハートオブアメリカ」といわれますが、存在感は薄いかも。しかし、エンターテイメントにショッピング、グルメなど楽しめる観光スポットは数多くあります。また、200以上の噴水があり、世界で2番目に噴水のある街です。映画『オズの魔法使い』のドロシーの故郷もここ。

【アクセス】
カンザスシティ国際空港からシャトルバスと路面電車(ストリートカー)を利用して約1時間。タクシーだと目的地まで約30分。公共交通機関がバスと路面電車しかないのでタクシーまたはレンタカーがおすすめ。

【アドレス】
30 West Pershing Road
Kansas City, MO 64108,
U.S.A

噴水心理指数
思考指数:■■■■■ 6
感情指数:■■■■■■ 7

人は移り気！

ショッピングモール「パビリオン」前の噴水

……………… マレーシア／クアラルンプール　Malaysia/Kuala Lumpur

噴水からのメッセージ

ありのままの自分を見せたいの？
それなら、ありのままの自分でいたらいい。

▶▶つくり笑顔しているあなたへ

本心から笑っているのならいいけれど、つくり笑顔は疲れてしまいます。いつも素敵な笑顔でいたいと思ったら、無理に笑おうとするのではなく、もっと肩の力を抜いて、本当の顔を見せていればいいのです。そこに生まれてくるのが心からの笑顔。きっと、楽に生きられますよ。

【心象】円形の水盤の中に印象的な花柄の器を3つ重ねた造形物はとても美しく、見ているだけでも魅了されます。造形物に向かって噴きつけられる水、花の器からこぼれ落ちる水によって、さらに造形物の美しさが引き立てられます。夜は華やかなカラーにライトアップされ、妖艶な雰囲気を醸し出しています。

【噴水ミニ情報】
アジアの買物人気ランキングで上位に入るクアラルンプール。いくつもある大型ショッピングセンターの中でとくに人気があるのが「パビリオン」です。ブランドショップをはじめ素敵なショップがあり、レストランも充実。そこで目を奪われるのがエントランスの噴水です。夜はライトアップもされる人気のスポットで、待ち合わせ場所にも最適。

【アクセス】
クアラルンプール国際空港からタクシー、バス、電車など。市内まで電車で約1時間。KLモノレールに乗り継いで最寄駅のブキッビンタン駅までは約20分。そこから徒歩で約5分。

【アドレス】
68, Bukit Bintang Street, Bukit Bintang, 55100 Kuala Lumpur,Federal Territory of Kuala Lumpur, Malaysia

噴水心理指数
思考指数：■■■■■■ 6
感情指数：■■■■■ 5

そこに後光が……

東本願寺前の蓮華の噴水

日本／京都　Japan/Kyoto

> 噴水からのメッセージ

人生の半分は苦しいことだったなんて思わないで。
残り半分はどうだった？

▶ 悪いことばかりと
落ち込んでいるあなたへ

忘れてはいませんか、どんな人生にも良いことばかりあるわけではないし、悪いことばかりあるわけではないことを。でも、うまくいかないときは悪いことに目が向きがちですよね。そうしていると、悪いことしか引き寄せませんし、やがて自分を嫌いになってしまいます。

大切なのは、自分を好きになることです。自分を好きになれなければ良いところは見つけられません。好きになると良いところが見つかるものですよ。そこから生きていて楽しいと感じる世界が広がっていきます。どうか、あなたが幸せでありますように！

【心象】現実感と迫真感のある蓮の花を形どった青銅製の噴水には、今が盛りとばかりに美しく咲く凛とした姿が醸し出されています。蓮の花の柱頭から優しく噴き出される水は、周囲からの柔らかな日差しを包み込んで希望の光を京の街に届けているようです。人生のあるべき生き方を教えてくれているように感じさせられます。

【噴水ミニ情報】
京都は千年の都といわれ、文化や歴史の蓄積された情緒ある街のたたずまいなどを堪能できる魅力的な都市。なかでも東本願寺、御影堂の外廊への階段に腰を下ろすと不思議と心が静かになります。御影堂前の門を出たところにあるのが蓮の花を象った青銅製の噴水です。初夏にはお堀の蓮の花も見頃を迎え、蓮の花の噴水との饗宴も見物です。

【アクセス】
京都駅から徒歩で10分程度。タクシーで約3分。バスで烏丸七条バス停まで約5分、そこから徒歩約1分。最寄駅の五条駅までは地下鉄で約1分。

【アドレス】
京都府京都市下京区常葉町付近,東本願寺前

幻想の世界が目の前に！

フォートワースウォーターガーデンズ内の噴水

アメリカ／フォートワース　U.S.A/Fort Worth

噴水からのメッセージ

自分は何も知らないと落ち込まないで。
何も知らないことを知っているのだから。

▶ 落ち着きのないあなたへ

あなたは、やりたいこと、やらなければいけないことに追われ、せわしない毎日を送っているかもしれません。付き合いが悪いと思われて、人が遠ざかっていくことも。目の前のことばかり追いかけないで、たまにはぼんやりと遠くを見ることだよ。せわしなく動いていると、どうしても視点が近くになりがち。空間をつくることで気持ちを落ち着かせて静かな心に浸っていると、見失いかけていたことが見えてきますよ。

【心象】プールのような水盤はとても優美で、噴き出される霧のような水しぶきで白く輝いています。砂を思わせるような造形物の色合いと相まって砂漠の中でオアシスに出会ったような、至福の時間を感じさせてくれます。

【噴水ミニ情報】

ここは、アメリカの南部テキサス州のフォートワース。古き良きアメリカの歴史が今も残されている街。噴水がある静かな公園内は人々の憩いの場になっています。広い敷地には水の特徴を生かした3つのユニークな施設があり、訪れる人の憩いの場になっています。

【アクセス】

ダラス・フォートワース国際空港から、DRAT、相乗りのバン、タクシーなどで。いちばん簡単なのはタクシー(約30分)。帰路のことも考えるなら、おすすめはレンタカー。

【アドレス】

1502 Commerce St, Fort Worth, TX 76102, U.S.A

噴水心理指数

思考指数：■■■■■5
感情指数：■■■■■5

解き放つ！

ペテルゴフ宮殿の庭園の噴水

ロシア／サンクトペテルブルク　Russia/St. Petersburg

噴水からのメッセージ

上手に考えを伝えられなくても焦らないで。熱意は伝わるものだよ。

▶ ロベタを気にするあなたへ

会話は「言って言われて返す」ことが基本ですが、だからといって軽はずみな話し方をする必要もありません。自分に話しかけるようにしてみましょう。そうすれば、人を意識して話すよりもスムーズに話ができるはずです。必要なのは、口下手を直そうとすることではなく、上手に話すきっかけです。

【心象】中心から噴き出される水は激しく強く、水柱というより、火柱のような感じ。水を崇めているかのような造形物には、汚れのない畏怖の念が感じられ、見ていると、苦しさや辛さから解放されるような、守られているような気分になります。

【噴水ミニ情報】
世界でもっとも広いロシア。その文化の中心地として栄える街がサンクトペテルブルクです。歴史的な雰囲気に包まれた、オペラやバレエ、文学などの芸術の宝庫で、世界三大美術館のひとつであるエルミタージュ美術館での芸術鑑賞も楽しめます。ロシアのベルサイユとも呼ばれるペテルゴフ宮殿では、噴水芸術に魅せられるのです。

【アクセス】
プルコヴォ空港からはバスとタクシーがあるが、おすすめはタクシー。バスと地下鉄を利用するとサンクトペテルブルク市内中心部まで約1時間、目的地までは約2時間15分。タクシーだと目的地まで約40分。

【アドレス】
Razvodnaya Ulitsa, 2, Sankt-Peterburg, Russia

噴水心理指数
思考指数：■■■■■■ 6
感情指数：■■■■■■■■ 8

遊び心がいっぱい！

ティンゲリーの10基の機械式噴水

スイス／バーゼル　Switzerland/Basel

噴水からのメッセージ

人を助けてばかりいる。それは、人を助ける喜びをもらっているのかも……

▶ **人に迷惑かけていると気にするあなたへ**

いつも人に迷惑をかけていると気にしていませんか。そもそも人生は、人に迷惑をかけたり、かけられたりして成り立っています。迷惑をかけていると思っても、かけられていないと思う人もいます。だから、自分を過度に責めたりしなくていいのです。逆に、人にかけられた迷惑には寛容でありたいですね。

【心象】鉄などの廃材を利用して「水遊び」を表現した造形物にどこか懐かしさを感じます。10基それぞれの変わった動きと噴き出される水のコミカルな動きはとても面白く、まるで子どもたちが楽しそうに遊んでいるようです。童心に返ったような不思議な気分に。

【噴水ミニ情報】
スイスにはアルプスの素晴らしい景観をもつ魅力的な都市が多く、バーゼルもそのひとつ。中世の趣を残し博物館や美術館も多く、街のいたる所で芸術作品に出会えます。その一つがバーゼル市立劇場Stadttheaterの前庭にある10基のユニークな機械式噴水。バーゼルに住んでいた芸術家ジャン・ティンゲリーの作品です。

【アクセス】
チューリッヒ空港からタクシー、電車などで。車だと目的地まで約1時間20分。最寄のバーゼルSBB駅まで電車で約1時間40分で、そこから徒歩で約10分。

【アドレス】
Klostergasse 7, 4051 Basel 付近, Switzerland

噴水心理指数
思考指数：■■■■■■6
感情指数：■■■■4

小さくても無限の宇宙

マクアリー・プレイス・パークの噴水

オーストラリア／シドニー　Austraria/Sydney

噴水からのメッセージ

> 誰も自分のことを理解してくれない。でも、自分で自分のことを理解することはいつでもできるよ。

▶▶ **自分はいつも孤独だと思っているあなたへ**

自分の味方はひとりもいないと孤独を感じることがありませんか？ 本当に言いたいことは言えず、理解されていないと感じると辛さは増すばかりです。まず、辛いと感じている自分に寄り添ってあげて。きっとそれがあなたの孤独感を癒す第一歩になるでしょう。

【心象】高さは膝くらいですが、どっしりと構えた石の造形物にははっきりとした意志を感じます。そこから静かに水が噴き出ている姿からは健気で一生懸命な雰囲気を感じる私の大好きな噴水です。

【噴水ミニ情報】
ビルに囲まれた公園の端に、オーストラリアの産業の創始者であるトーマス・サトクリフ・モートの銅像があります。その裏手にひっそりあるのが私の大好きな噴水です。圧倒的なオペラハウス、澄み切ったビーチ、立ち並ぶ近代的な高層ビル群。そんなシドニーのフェリーターミナルのほど近く。マクアリー・プレイス・パークの生い茂る草の中、ビルに囲まれた公園の中のとっておきの穴場といいたい癒しスポットです。

【アクセス】
シドニー国際空港からシドニー市内まではタクシー、バス、電車など何を利用しても約30分。市内のハイドパークからフェリーターミナルに向かって歩くと約15分。サーキュラー・キー駅から徒歩で約5分。

【アドレス】
36 Bridge St, Sydney NSW 2000, Austraria

噴水心理指数

思考指数： 2
感情指数： 1

ほとばしる希望！

韓国銀行貨幣金融博物館前の噴水（新世紀水池）

韓国／ソウル　Korea/Seoul

噴水からのメッセージ

> 私の人生は苦しいことの連続だったという。でも、あなたは今ここにいる。

▶▶不安に押しつぶされそうなあなたへ

困難に直面して不安を感じるのは、乗り越えて前に進みたいと思っている自分がいるからです。不安な自分がいてもいいのです。これまでいろんな困難を乗り越えてきた過去の自分に教えてもらいましょう。きっと、今の困難を乗り越えて進む力になりますよ。

【心象】石造りの重厚感のある造形物は堂々としていて信念を感じさせます。噴き出す水の勢いは造形物の圧倒的な存在感にも負けないくらい。とてもエネルギッシュな噴水です。目の前に現われた瞬間、韓国らしさを感じる噴水です。

【噴水ミニ情報】
韓国料理や市場でのショッピングはもちろん、韓流ドラマにK-POPなどで人気の韓国。なかでもソウルの最大の繁華街である明洞には溢れる活気に魅了され、多くの人が訪れます。この噴水があるのは韓国銀行貨幣金融博物館の前。明洞駅と、大人気の南大門市場の間に位置します。

【アクセス】
仁川国際空港からは空港鉄道、空港リムジンバス、タクシーなどがあり、ソウル市内へは空港鉄道で約60分、空港リムジンバスで約1時間30分、タクシーで約1時間。噴水はソウル駅から徒歩で約15分、明洞駅から徒歩で約5分。

【アドレス】
Seoul, Jung-gu, Myeong-dong,3, Korea

噴水心理指数

思考指数：■■■■■■■ 7
感情指数：■■■■■■■■ 8

みなぎる〝ほこり〟

山形県郷土館「文翔館」の噴水

日本／山形　Japan/Yamagata

> 噴水からのメッセージ

思いが言葉で表わせなくても気にしないで。
黙って行動で表わせばいいんだよ。

▶ **気持ちがうまく伝えられない あなたへ**

せっかく大切な思いを秘めているのに、うまく伝えられない自分を責めていませんか。大切な人との距離が遠くなってしまうのではと不安になっていませんか。それがストレスになって、かえって大切な人に辛く当たっているかも。まず、伝えたい気持ちをはっきりさせましょう。きれいに話さなくてもいい。上手く話せなくていい。美しく話そうなんて思わなくていい。ただ、思いをこめて伝えれば、きっと伝わります。

【心象】3つの山を感じさせる三角形の造形物には重厚な雰囲気があります。サンドされる形で噴き出される水にはたぎる思いが感じられ、小さいながら迫力のある噴水に一瞬で心がとらえられてしまいます。噴水の流れは、山形という土地の豊かさを表わしているかのようで、山形の人々の誇りを感じます。

【噴水ミニ情報】
山形といえば、さくらんぼに、米沢牛と山形牛、そして芋煮。まだまだ挙げたらきりがありません。たくさんの温泉地や神社仏閣もあります。自然豊かな東北地方に位置し、観光資源の豊富な場所です。そんな土地の歴史や文化を感じさせ、多くの人々に親しまれている山形県郷土館「文翔館」にある噴水です。

【アクセス】
山形空港から車で約40分。JR山形駅東口からタクシーで約10分。JR山形駅東口からバスなら「山形市役所前」で降りて徒歩約1分。

【アドレス】
山形県山形市旅篭町3-4-51

噴水心理指数
思考指数：■■■■4
感情指数：■■■■■5

市場に咲く！

ドンスアン市場内の噴水

ベトナム／ハノイ　Vietnam/Hanoi

噴水からのメッセージ

仕事をするために生きているのではない。
生きるために仕事をしているんだよ。

▶ いつも疲れているあなたへ

仕事に追われる毎日が続くと、自分はなんのために生きているんだろう、疲れたなあ、なんか虚しいなと、心のどこかで感じていませんか？　放っておくと心がどんどん力を失って、戦いたくても戦えない、そもそもなんに対しても意欲が湧かなくなる……。そんなとき、休んで気晴らしすれば良いとは限りません。自分自身と向き合ってください。そこから見えてくるのがあなたの生き方です。

【心象】円形の水盤の中央に塔があり、その上には球が置かれています。それはとても調和がとれていますが、塔に向かって噴き出される水がさらに安定感をもたらしています。水盤に身体をあずけるように寄りかかっている人を見ていると、荷物も一緒に休んでいるように感じられて、ほのぼのとした気分になります。

【噴水ミニ情報】
アジアの買物人気ランキングで常に上位のベトナムの首都ハノイは政治と文化の中心地。どこかノスタルジックな異国情緒溢れる景観を今も残す魅力的な街です。中心部の旧市街にあるドンスアン市場は、市内でも最大規模を誇る大型屋内市場。日用雑貨や衣料品が所狭しと山積みにされるなか、多くの人でごった返す広場にある噴水で、格好の待ち合わせ場所にもなっています。

【アクセス】
ノイバイ国際空港からハノイ市内へはタクシーかミニバスで。タクシーなら市内まで約50分。さらに目的地までなら約60分で行ける。景観スポットであるホアンキエム湖北部からは、シクロ（人力車）で約5分。歩いても約15分。

【アドレス】
Dong Xuan, Hoan Kiem, Hanoi 100000, Vietnam

噴水心理指数
思考指数：■■■■ 4
感情指数：■■■■ 4

富が吹き出す？

サンテック・シティモールの富の噴水

……………… シンガポール／シンガポール　Singapore/Singapore

噴水からのメッセージ

勝った、勝ったと騒がない。負けだ、負けだと嘆かない。大切なのは、自分が納得できたかどうかだよ。

▶▶ 疑心暗鬼になっているあなたへ

自分に自信がある人は何があってもゆったりしていて、うろたえることはありません。不安や自信のなさが大きい人ほど、ネガティブな思考に包まれてしまいます。自分をもっと信じてみるといいですよ。きっとそこから、揺るぎない自分自身が生まれてくるはずです。

【心象】5本の柱が銅製の太いリングを掲げているような感じです。そのリングから噴き出される水と、地面から噴き上げられる水が幻想的な空間を生み出しています。富の泉と呼ばれるだけあって、迫力と情熱に満ちています。夜には音楽と光の噴水ショーが行なわれ、幻想的な空間に変わります。とてもロマンティックですが、強いエネルギーを感じさせてくれます。

【噴水ミニ情報】
観光名所でもあるサンテック・シティモールは、マリーナ地区にあるシンガポール最大規模のショッピングセンター。世界最大級といわれるこの噴水は、その前にあります。風水に基づいて設計され、中央の富の泉から噴き出される水に触れて3周すると願い事が叶うとも言われる人気風水スポットです。風水が日常生活に根付いたシンガポールならではの噴水といえるでしょう。

【アクセス】
シンガポールは交通機関が発達しています。シンガポール・チャンギ国際空港から市内へは電車、タクシー、空港シャトルバスなどで。便利なのはタクシー。約30分でマリーナ地区の目的地へ行くことができます。最寄駅であるMRTのプロムナード駅からは徒歩約3分。

【アドレス】
3 Temasek Boulevard Suntec City Mall, Singapore 038983, Singapore

噴水心理指数

思考指数：■■■■■■■■ 8
感情指数：■■■■■■■■ 8

ホッとしてハッとする！

青葉緑地の噴水「ZEN」

日本／静岡　Japan/Shizuoka

噴水からのメッセージ

欠点は隠そうとすると欠点のまま。でも、さらけ出したら魅力になるよ。

▶ **コンプレックスに悩むあなたへ**

あなたは自分の短所ばかりに目を向けていませんか？ それではストレスは溜まるばかり。人の短所にも目が行って、またストレス。短所を改善することは必要ですが、短所がなくなれば長所が短所になってしまうことも。大切なのは、自分の短所に目を向けるなら、長所にも目を向けることです。そして、どちらも好きになりましょう。短所と長所があるから自分は魅力があるのだと認めることがスタートです。

【心象】人の大きさほどの丸い湯飲みのような造形物は、形と色合いのバランスがよく、見ていると、とても優しい気持ちにさせてくれます。そこに四方から水が注がれています。それが、さらに柔らかでゆったりとした空間を演出しています。と思いきや、驚きの光景が！ 飛び跳ねるような音を立てながら水がしばらく注がれると、ゴロン、ゴロンと水をこぼしながら、あっちへそっちへと大きく揺れ動くのです。癒しと躍動、2つの力をもつ噴水です。

【噴水ミニ情報】
静岡県の県庁所在地である静岡市は、富士山を見られる景勝地はもちろん、海と山に囲まれた観光地など、見どころがたくさん。そのひとつが青葉緑地の噴水です。この噴水がある大通りは美しく整備され、さまざまなモニュメントもあって癒しの空間になっています。

【アクセス】
富士山静岡空港からJR静岡駅北口への移動手段はバスやタクシー。バスだと約1時間。タクシーだと約50分。JR静岡駅北口からは徒歩で約10分。

【アドレス】
静岡県静岡市葵区常磐町1丁目

噴水心理指数

思考指数：■■■■4
感情指数：■■■3〜5

大都会のど真ん中に
グランドキャニオン？

ウィン・マカオ・ホテルの噴水

マカオ／マカオ　Macao/Macao

噴水からのメッセージ

気持ちをつくっているのは考え方。
気持ちを変えることはできなくても
考え方を変えることはできるよ！

▶︎ **惑乱しているあなたへ**

感情を完璧にコントロールできる人はいません。自分の感情を制御できないと、心身や生活のバランスを崩してしまいます。一つの考え方が一つの感情をつくります。だから、いろんなことを考えるほど感情は混乱します。まずは、できるだけ考えないようにすることと、何か考えが浮かんできても「まぁ、いっか」とそのまま流してしまうこと。それを繰り返していると自然に「まぁ、いっか」と思えるようになりますよ。

【心象】華やかに舞い踊るような水たちは、幾度となく姿を変え、絶妙な優雅さを醸し出しています。見ていると、さまざまな感情が呼び覚まされてノスタルジックな気分になります。とくに昼間の噴水は純粋な感情を呼び起こしてくれます。

【噴水ミニ情報】
香港の対岸にあるマカオは、西洋と東洋の文化が融合した街。歴史を感じさせる建築物や美しい広場の街並は世界遺産に指定されていますが、カジノなどの華やかさとの組み合わせも魅力的。マカオのホテルや街では数々のエンターテイメントが見られますが、代表的なものがウィン・マカオ・ホテルのパフォーマンスレイクの噴水ショー。まさしくマカオ名物で、多くの観光客が訪れます。

【アクセス】
マカオ国際空港からタクシー、路線バス、主要ホテル行きのシャトルバスがある。タクシーだと約15分。バスだと約30分。

【アドレス】
R. Cidade de Sintra, Macao

噴水心理指数
思考指数：8
感情指数：9

むかしむかしあるところに…

新天地北里の噴水

中国／上海　China/Shanghai

噴水からのメッセージ

> 自分には知識がないと思わなくていい。
> 知識を役立てる知恵があるのだから。

▶人生経験が少ないと感じるあなたへ

人生経験は生きた年数に応じて蓄積されるとはかぎりません。どう生きたかで違ってきます。だから、何をやるかより、どのようにやるかが大切です。人生はその積み重ね。でも、もっと大切なのは新たな経験の一つ一つを愛して許して認めることです。

【心象】円形のシンプルな水盤と、3体の像が周辺の環境に溶け込んでいるため、心にすっと溶け込む心地良さを感じます。舞い、歌い、語っているようです。その真ん中で柔らかく噴き上げる水音に意識を向けると、3体を引き立てるBGMのように感じられます。

【噴水ミニ情報】

世界で一番人口の多い中国には、広大な土地と、「中国4千年」と謳われる長い歴史がつくりだした世界遺産が多数あります。そんな中国らしさを色濃く残す上海。中国最大級の都市であり、外灘や東方明珠電視塔、豫園などの観光スポットがあります。そのひとつ新天地北里の中央に、この噴水はあります。レンガ造りの歴史的情緒漂うエリアです。

【アクセス】

上海浦東国際空港から上海市内まではタクシー、リニアモーターカー、地下鉄、エアポートバスなどで。地下鉄だと約1時間。エアポートバスだと1時間。リニアモーターカーならあっという間。目的地までタクシーで直行だと約45分。市内からタクシーだと約10分、地下鉄で約20分。地下鉄10号線、13号線の最寄駅である新天地駅からは徒歩で約3分。地下鉄1号線の最寄駅である黄陂南路駅からは徒歩約5分。

【アドレス】

XinTianDi, Huangpu Qu, China, 200000

あまりに無防備！

サルバドール・アスプリー庭園の噴水

スペイン／バルセロナ　Spain/Barcelona

噴水からのメッセージ

人から信用されたいのであれば 誰が見ていなくても手を抜かないこと！

▶▶人に対して厳しく接してしまうあなたへ

努力を惜しまず頑張っている人は、相手にも厳しくなりやすいもの。でも、自分に厳しくできるからといって、相手にも同じくしていいわけではありません。厳しくするほうが相手のためになると思って鍛えているつもりでも、試されている、攻撃されていると感じさせているかもしれません。しかし自分のことを心から思ってくれていると感じられれば、厳しさの意味や必要性をわかってくれることでしょう。相手を思いやる気持ちが伝わっているかどうかを見逃さないでください。

【心象】周囲の喧騒が嘘のような、のどかな庭園の中の静かな空間に、土色のシンプルな円形の水盤があり、花壇やモニュメントに見事に溶け込んでいます。落ち着きの感じられる量感で、噴き出す水には、その造形物とは違う力強い美しさがあります。その噴水と周囲の木々が調和して、なんとも言えない心地良さを醸し出しています。

【噴水ミニ情報】
見る人を熱狂させるフラメンコや闘牛でも知られるスペインはまさに情熱の国で太陽の国ともいわれます。どの都市にも古い街並みや歴史的建造物などがありますが、カタルーニャ州の州都である大都市バルセロナはサグラダ・ファミリア教会で有名で、カサ・ミラなどの世界遺産も。この噴水はグラシア通りのサルバドール・アスプリー庭園にあります。

【アクセス】
バルセロナ＝エル・プラット空港からタクシー、バス、電車などで市内へ。目的地までタクシーだと約30分。バスと電車と地下鉄を利用してDiagonalまでは約45分。そこから徒歩で約3分で目的地。カタルーニャ広場からはタクシーで約10分。徒歩で約20分。

【アドレス】
Paseo de Gracia, 118,
Distrito de Grasa,
Barcelona, Spain

噴水心理指数	
思考指数：	■■■■ 4
感情指数：	■■■■■ 5

自分だけの世界！

レセルバ公園の噴水

ペルー／リマ　Peru/Lima

噴水からのメッセージ

何もできないなんて言わないで。
あなたがあなたでいるだけで十分。

▶▶ **無力だと感じている
あなたへ**

人ができていることが自分にはできない、だから力がないんだと思っていませんか。そもそも力の無い人間なんかいません。どんな小さなことでもいいから自分ができることをやってみてください。必ず自分の力が見えてきます。周りの人たちもきっと気づいてくれます。自分には力がないと思っているかぎり、持っている力は出せません。あると思えば、力は出るものなのです。あなたには力があります。思い出してください。

【心象】四角錐の4本の骨組みだけの構造には、無駄を削ぎ落とした潔さが感じられます。4本の骨組みから勢いよく噴き出す水が網のように張り巡らされ、すごい立体感をもたらしています。複雑な仕掛けはなにもない、とてもさっぱりとした小気味の良さも感じます。自由さも漂わせています。

【噴水ミニ情報】
13基の噴水が設置される公園は「公共公園内にある世界最大の複合噴水施設」としてギネスブックに認定されています。魔法の噴水巡りといわれるほどさまざまな噴水があり、子どもから大人まで、多くの人を惹きつけてやみません。開園は夕方。夜のイルミネーションショーも、人々の五感を刺激して大賑わいです。

【アクセス】
ホルヘ・チャベス国際空港から市内まではいくつかの移動手段はあるが、流しのタクシーや路線バスではなく、空港タクシーが安全で快適。目的地まで約30分。

【アドレス】
Esquina Av. Petit Thouars cdra. 5 con Jr. Madre de Dios, Cercado de Lima, Peru

噴水心理指数

思考指数：■■■3
感情指数：■■■■■5

空と水の間に……

山形県県民会館の噴水

日本／山形
Japan/Yamagata

噴水からのメッセージ

私は人を喜ばせることなんてできないと決めつけないで。あなたには素敵な笑顔があるじゃない！

▶︎物事を悪く考えてしまうあなたへ

何でも悪く考えてしまうのが癖になっていませんか。それでは自分を追いつめてしまいます。物事は捉え方次第でまったく変わってしまうのです。マイナスばかりと思えることにも必ずプラスが潜んでいます。そもそも悪いように考えれば人生は後ろ向き、良いように考えれば前向きになるのです。どんな現実にもしっかり向き合えば、必ず良いことが見えてきて気分が明るくなりますよ。

【心象】大きな円形の水盤の中に、少し小さな水盤を配したデザイン。大きな水盤の外側の白色と、内側の水色が空の色と重なる姿はとても清らかで美しい。中央から噴き出される水が空とつながっているように感じさせます。水と造形物のバランスの良さが晴れ晴れとした気分にさせてくれます。

【噴水ミニ情報】
温泉や食、寺社仏閣などの観光資源豊富な山形県。噴水のある山形市は山形県の県庁所在地で、各種イベント開催で有名なやまぎんホール（山形県県民会館）の一画に、丁寧に整備された噴水があります。待合わせ場所としても知られるランドマーク的な噴水です。

【アクセス】
山形空港から車で約40分。JR山形駅東口からタクシーで約10分。JR山形駅東口からバスなら「山形市役所前」で降りてすぐ。

【アドレス】
山形県山形市七日町3-1-23

噴水心理指数
思考指数：■■■■■ 5
感情指数：■■■■■ 5

小さな小さなオアシス！

リアド・バマガの噴水

モロッコ／マラケシュ　Morocco/Marrakesh

噴水からのメッセージ

自分を責める前に思い出して。
誰もあなたを責めていないよ。

▶ **自分を追い込んでいるあなたへ**

深く考えることは美点ですが、考え過ぎて自分を追い込んでしまうことがあるかもしれません。そのようなときは、〝正しいこと〟を考えようと意識してみてください。そこから生まれてくる考えは苦しかった自分から解放してくれますよ。

【心象】モロッコ独特のタイルワークの中に立つ果樹のような造形物はあまりも可憐で心が華やぎます。静かに湧き出る水は艶やかで、造形物と水の調和に心が奪われます。夜のライトアップも神秘的。邸宅をリノベーションして宿泊施設にしたリヤド独特の空間にあるこの噴水は、リヤドの象徴的な存在であることを感じさせます。

【噴水ミニ情報】
「神の国」といわれるモロッコの西部に位置する都市マラケシュは、宮殿跡、モスクとミナレットなど見どころがたくさんあります。宿泊は「リヤド」がおすすめ。邸宅をリノベーションして宿泊施設にしたもので、噴水や木々のある中庭を取り囲むように部屋が置かれています。ほとんどのリヤドで噴水が楽しめますが、この噴水は私が滞在した「Riad Bamaga」にあったものです。

【アクセス】
マラケシュ・メナラ空港からタクシーかバス。タクシーだと約20分。徒歩も可能。モロッコ最大の都市カサブランカを経由するなら、ムハンマド5世国際空港からタクシーで約45分。電車だと約30分でカサ・ヴォヤジャー駅。そこからマラケシュ駅までは電車で約4時間。

【アドレス】
Riad Bamaga
86 Derb Sidi Bouamar
Quartier Rlad laarouss 40008
Marrakech, Morocco

噴水心理指数
思考指数：■■2
感情指数：■1

仮面をはずすと……

イゴール・ミトライの噴水

イタリア／チボリ　Italy/Tivoli

噴水からのメッセージ

相手のことを決めつけてはいけない。人はそんなに単純ではないよ。

▶**思いこみの強いあなたへ**

自分の考えに自信をもつのは素晴らしいことです。でも、強すぎる思い込み、決めつけは支障をきたすことも。ときには、「自分の考えは間違いない。でも、間違っているかも」と考えてみてください。それは自分を信用しないということではありません。「正しく疑う」ということです。もっと別の見方、考え方があるかもしれないと考えるところから、新しい発見があり、変革がはじまるのです。

【心象】正面は顔の下部分から胸元にかけての彫刻。裏に回れば、正面とは不釣合いな肩からヒップまでの彫刻。そこには幻想的な自己像が感じられます。頂部から静かに噴き出される水には、焦りや動揺といった感情を感じない安定感が。自分で思っている自分、人から見られている自分、いずれも本当の自分とは限らないと語っているように見えます。

【噴水ミニ情報】
チボリはローマ近郊にある緑と水の豊かな保養都市。噴水と庭の美しい世界遺産のエステ家別荘は有名です。その別荘入口手前広場に、ポーランドの芸術家イゴール・ミトライの噴水はあります。生きることを考えさせられる数多くの作品がありますが、インパクトのあるこの噴水もそのひとつといえるでしょう。

【アクセス】
フィウミチーノ空港から電車、シャトルバス、タクシーなど。目的地まではタクシーで約1時間。電車と徒歩で約1時間40分。ローマ市の玄関口であるテルミニ駅までは電車だと約32分、シャトルバスだと約60分、タクシーだと約50分。ローマ市内から目的地まではタクシーで約45分。電車と徒歩で約50分。帰路を考えると値段は高めでも専用車をチャーターするのがおすすめ。

【アドレス】
Piazza Trento, 5, 00019 Tivoli RM, Italy
(ティヴォリのエステ家別荘手前)

噴水心理指数
思考指数：■■■■4
感情指数：■■2

人の本性が見えかくれ！

トリトーネの噴水

イタリア／ローマ
Italy/Rome

噴水からのメッセージ

気持ちは目に見えない。それこそ人間のもっとも人間らしい部分なんだよ。

▶ 人の気持ちがわからないというあなたへ

相手の気持ちや考えを見誤るのは、誰にでもあることです。独りよがりな決めつけでは、相手の気持ちはわかりません。人の気持ちを感じることが苦手というなら、相手が思っていることを考えたり、相手の生きている環境をよく観察してみたりしたらいい。そして、その人のことを想像すれば相手の気持ちや考えが身近になってくる。本気で相手をわかりたいと思えば、必ずできますよ。

【心象】上半身は人間、下半身は魚のトリトンがほら貝を吹いています。筋骨隆々の躍動感のある肉体美と、しっかり支えるイルカの姿との対比を最大限に引き出しています。ほら貝から真っ直ぐに噴き上がる水は、空へとたちのぼっていく水がとても印象的。見ていると、想像やロマンをかき立てられます。

【噴水ミニ情報】
「全ての道はローマに通ず」「ローマは1日にして成らず」など有名な格言にも彩られるローマは、古代遺跡や宮殿、美術館など見所満載で、世界中の観光客を魅了しています。そのひとつバルベリーニ広場には、印象の異なる2つの噴水があります。どちらもジャン・ロレンツォ・ベルニーニによる作品でひとつは「蜂の噴水」、もうひとつが広場の中央にある「トリトーネ（トリトン）の噴水」です。

【アクセス】
フィウミチーノ空港から電車、シャトルバス、タクシーなど。目的地まではタクシーだと約50分。ローマ市の玄関口であるローマ・テルミニ駅までは電車で約32分、シャトルバスで約60分、タクシーで約50分。そこから徒歩約20分、タクシーで約10分。徒歩と地下鉄（テルミニ駅からバルベリーニ駅）を利用すると約5分。

【アドレス】
Rione XVI Ludovisi, 00187 Roma RM, Italy

噴水心理指数
思考指数：■■■■■■6
感情指数：■■■■4

まるでタイムスリップ！

セナド広場の噴水

マカオ／マカオ　Macao/Macao

噴水からのメッセージ

今の自分に満足できないの？高い目標をもっているんだね。

▶**理想が高いあなたへ**

理想を追求することは素晴らしいことです。それには、はっきりとした目標を設定し、日々実行に移すことが必要です。ところが、理想を語るだけで現実と向き合おうとしないことがあります。大切なのは、こういう人間になりたいというはっきりとした人間像をもつことです。それが理想に近づく道ですし、最高の自分に出会える道です。

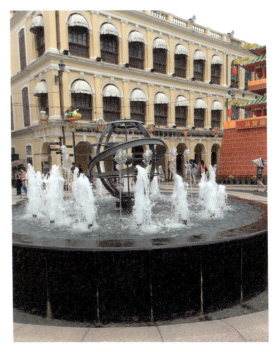

【心象】書き割り（背景画として使われる大道具）のような城門を背負い、重厚な建物に囲まれる二重の円形の水盤。外側の淡い色合いは周囲の建物の景観に溶け込み、内側の濃い色合いには独自感があります。水盤の中心には地球を思わせる球体が置かれ、球体の周りから噴き出す水も、造形物の存在を引き立てているように見えます。

【噴水ミニ情報】
カジノやエンターテイメントで有名なマカオは世界遺産の宝庫で、東洋と西洋が融合した歴史など見所がいっぱいです。マカオのシンボルであるポール天主堂跡のほか、噴水のあるセナド広場も定番の観光スポット。いつも大勢の人で賑わい、夜のライトアップで幻想的になり、魅了されます。

【アクセス】
マカオ国際空港からタクシー、路線バス、主要ホテルのシャトルバスで。タクシーだと約15分。バスだと約45分。

【アドレス】
Largo do Senado, Macao

噴水心理指数
思考指数：■■■■4
感情指数：■■■3

どこに行くの？

和田倉噴水公園の噴水

日本／東京　Japan/Tokyo

噴水からのメッセージ

あなたが欲しいのは答えじゃない。ただ、わかってほしいんだよね。

▶ **自分のことを理解してほしいあなたへ**

こんな辛いのに、こんなに苦しいのに、あの人には想いが通じないと嘆きたくなることはありませんか。いくら言葉で言っても、表情や行動で示しているのに、わかってくれない。でも、相手の想いをわかろうとしていますか。言葉や体で伝わらないもどかしさや、はがゆさがなければ、意思の疎通はできません。「あなたのことをわかりたい！」「私のことをわかって！」という想いを込めて相手に働きかけることです。

【心象】自然な曲線を描く球状の造形物はとても柔らかで、思いやりや温かみが伝わってきます。下に向かい勢いよく噴き出される水は湧き水のように流れ出ていて、今にも造形物を動かしそうな躍動感を感じさせます。何か強い意志を示しているようでもあります。夜、ライトアップされると、昼間とはまるで違う幻想的な雰囲気が漂います。

【噴水ミニ情報】
都会の洗練された街並みの中にある和田倉噴水公園は、周囲に立ち並ぶビル群と緑のコントラストが美しく映えます。公園内には、所々に噴水が配置され、公園中央にある3基の大噴水は、高さ8.5mまで水を噴き上げます。そんな噴水のなかで、この噴水もまたとても独特な存在感を醸し出しています。

【アクセス】
地下鉄、JRなどで最寄駅まで移動し、徒歩で移動するのが一般的。大手町駅D2出口から徒歩で約2分。二重橋前駅6番出口からは徒歩で約3分。丸ノ内線東京駅D1出口からは徒歩で約3分。JR東京駅丸の内中央口からは徒歩で約7分。

【アドレス】
東京都千代田区皇居外苑3-1

噴水心理指数
思考指数：■■■■ 4
感情指数：■■■■■ 5

ひとりじゃないよ！

向日市の噴水公園の噴水

日本／京都　Japan/Kyoto

噴水からのメッセージ

> 孤立と自立は違う。一人で生きていると思うのは孤立。人に支えられて生きていると思うのは自立。

▶私はひとりぼっちと悩むあなたへ

あなたは、ひとりではありません。「ひとりぼっち」と思い感じる心があるだけです。私たちは、ひとりで生きていくことはできません。必ず人と関わりながら生きています。それでもひとりぼっちと思うのは、周りにいてくれる人たちのことを感じられないからです。それを忘れないで。

【心象】円形の水盤の中央にある人間の大きさほどの二重の塔は、まるで心柱のようで、人と街を支えているような存在感があります。噴き出される水は白糸を垂らしたように優美で、清らかな空間を生みだしています。堂々としていて繊細、それでいて人々の生活に溶け込んでいる。そのバランスにうっとりとさせられます。

【噴水ミニ情報】
京都はあまりにも有名な観光地ですが、その魅力はとても奥深い。噴水のある向日市もそのひとつ。竹林道の散策をはじめ、古墳巡りや名所旧跡巡りも楽しめる、情緒と風情に溢れる街です。なかでも「桜の径」と呼ばれる噴水通りから噴水公園までは四季折々の美しさがあり、一見の価値があります。最近では、激辛商店街なるものも話題に。

【アクセス】
JR京都駅からタクシーや電車などで。タクシーだと約30分。電車なら東海道本線または烏丸線を乗り継いで京都阪急線で西向日駅まで約30分。そこから徒歩約5分。

【アドレス】
京都府向日市上植野町浄徳にある噴水通りの噴水公園

噴水心理指数
思考指数：■■■■ 4
感情指数：■■■■ 4

あまりの気高さに……

サン・ピエトロ広場の噴水

バチカン／バチカン　Vatican/Vatican

噴水からのメッセージ

じっとしていても幸せは現われてこない。
走っているからこそ見えてくる。

▶ すぐに飽きてしまうあなたへ

好奇心は旺盛でいろんなことに手を出すけれど、どれも長続きしない。それが自分らしくていいと思ってみても、いつも満たされない自分がいる。こんな人いますよね。そうならないためには、自分自身にもっと興味をもつことです。それが我慢につながり、今の自分には「これがいい」と思える選択を生みます。

【心象】重厚感のある中央の彫刻物と円形の水盤が互いを引き立て合う迫力と荘厳さに心を打たれます。それに負けないくらい大量の水が中央の造形物の頂上から噴き出されることで、この上ない清らかさと気高さを漂わせています。遠くから望めば心が落ち着き、近くで見れば洗礼を受けたような不思議な気分になります。

【噴水ミニ情報】
ローマの内部にあるバチカン市国。この世界最小国には、世界中からたくさんの巡礼者や観光客が足を運びます。大聖堂、宮殿、美術館など見所が多くあり、歴史と芸術に触れることができます。世界最大級のサン・ピエトロ大聖堂の正面広場にこの噴水があります。円状の柱廊で囲われ、穏やかな雰囲気に包まれて美しい水しぶきをあげています。

【アクセス】
市内へはフィウミチーノ空港から電車、シャトルバス、タクシーなどで。目的地まではタクシーで約30分。電車と徒歩で約1時間。フィウミチーノ空港からローマ市の玄関口であるローマ・テルミニ駅までは電車で約32分、シャトルバスで約60分、タクシーで約50分。ローマ・テルミニ駅から目的地まではタクシーで約15分。地下鉄を利用して約30分。徒歩約1時間。

【アドレス】
Piazza San Pietro, 00193 Vatican City

噴水心理指数
思考指数：7
感情指数：7

石垣から水が噴き出す！

岩国市吉香公園の噴水

日本／山口　Japan/Yamaguchi

噴水からのメッセージ

嘘をついたと苦しまないで。
だってそれは相手のためだったんだから。

▶ 自分のことより人のことを大事にしてしまうあなたへ

他人の喜びを自分の喜びに感じられる人は、きっとたくさんの人に慕われ、親しまれていることでしょう。でも、自分自身の喜びにブレーキをかけていませんか？　自分の気持ちをあいまいにせず、自分の気持ちにもっと耳を傾けてください。ときには、他人以上に自分を優先することも必要ですよ。

【心象】間近で見る石垣は驚くほどの迫力で、歴史の重さを感じる厳粛な雰囲気に包まれます。石垣の間から噴き出す水の美しい曲線、そこに舞う風には心が和まされます。石垣の上に登ると、まるでお城の上から眺めているよう。眼下に見える街を守ってくれているかのような噴水の存在感が感じられます。

【噴水ミニ情報】
西の京ともいわれる本州最西端の山口県。萩の産業遺産群、松下村塾や防府天満宮、秋吉台など、絶景や歴史的遺産が数多くあります。山口県の東の玄関口、岩国市にある日本三名橋のひとつ、錦帯橋は歩いて渡るのがおすすめ。その錦帯橋から歩いて数分の吉香公園の中にこの噴水はあります。

【アクセス】
山口宇部空港からはバスとタクシー。目的地まで車だと約1時間40分。空港近くの草江駅からは電車と新幹線で最寄駅の川西駅まで約2時間30分。そこから徒歩で約25分。新岩国駅からタクシーだと約15分。

【アドレス】
山口県岩国市横山2-6-51

思わず飲み込まれる迫力！

ベラージオ・ホテル＆カジノ前の噴水ショー

アメリカ／ラスベガス　U.S.A/Las Vegas

| 噴水からのメッセージ | 共感したいなら、ただ人に合わせるのではなく、人を好きになることだよ。 |

▶ **相手のことがわからないと思っているあなたへ**

自分自身のことでさえ理解することは難しいですよね。相手のことをわかることはもっと難しいはず。もし相手のことを心からわかりたいと思うなら、気持ちや考え、人となりを見ることです。「もうわかった、これ以上知ることはない」ではなく、常に「もっと知りたい」という気持ちでいることです。それが人間誤解ではなく人間理解につながるのです。

【心象】1周600メートルの雄大な人工湖で行なわれる迫力満点の噴水ショーは、貫禄すら感じる堂々としたものです。その大きさは、思わず身を委ねたくなるほど。豊富な水の躍動感、さまざまな動き、空高く舞い上がる姿は高揚感を高め、飲み込まれてしまいそうです。夜のライトアップは水を際立たせる光の演出が素晴らしく幻想的な空間を生み出します。

【噴水ミニ情報】
24時間眠らない街では、カジノに多彩なテーマパーク、さまざまなショーなど、ありとあらゆるエンターテイメントを堪能できます。なかでも人気のあるもののひとつが、ベラージオ・ホテル＆カジノ前の人工湖で行なわれる世界最大級の噴水ショーです。

【アクセス】
マッカラン国際空港からタクシーかバスで。バスで約30分。タクシーで約15分。

【アドレス】
3600 Las Vegas Boulevard South Las Vegas, NV 89109, U.S.A

噴水心理指数
思考指数：9
感情指数：10

自信、勇気に満ちている！

高知市中央公園の噴水

日本／高知　Japan/Kochi

噴水からのメッセージ

気を使いすぎると疲れてしまうもの。
でも、それが自分のいいところだと覚えておいてね。

▶神経質なあなたへ

細かなところにも気を使えることはステキなことですが、不安や心配で葛藤することも多くなりやすいかも。人間には考えるタイプと感じるタイプがありますが、考えすぎても、感じすぎても苦しくなります。大事なのは今この瞬間を受け入れることです。そこにある「こと」「もの」「空間」「人」を愛することです。人はそこから学びます。

【心象】重厚感のある黒い水盤は堂々としています。その中央で水面を滑るように浮いて見えるオブジェは威厳の中に風格を感じさせます。そのオブジェを持ち上げているように見える水はとても力強く、自信や勇気を与えてくれます。

【噴水ミニ情報】
ご存知、坂本龍馬の故郷である高知県は四国の南に位置します。桂浜や四万十川、室戸岬に足摺岬などの景勝地や、かつおなどのグルメを楽しめるひろめ市場など、たくさんの観光スポットがあります。噴水は県庁所在地である高知市の中央公園にあります。イベントなども盛んな公園で、多くの人々の憩いの場となっています。

【アクセス】
高知龍馬空港からリムジンバスやタクシーで。目的地まではタクシーで約25分。リムジンバスで最寄のはりまや橋まで約25分、そこから徒歩約5分。高知駅からはタクシーで約5分。徒歩で約15分。路面電車ではりまや橋まで約5分、そこから徒歩で約4分。

【アドレス】
高知県高知市帯屋町1-11-27

すべてが包み込まれるよう！

平和公園の噴水

日本／青森　Japan/Aomori

噴水からのメッセージ

ほうっておいても花は咲く。
大切なのは、そこに何を残せるかだよ。

▶ **何をしたらいいのか、
　わからなくなっているあなたへ**

何かをしなくちゃと思い込み、答え探しに躍起になってから回りすることってありますよね。そのようなときは、何をしたらいいのかではなく、どうしたいのかを知ることです。どうしたらいいのかがわからないから、何をしたいのかもわからないのです。しっかり自分と向き合って「どうしたい」という願望を明確にしてください。

【心象】愛らしい繭のような造形物が3つも。その光景が目を奪って離しません。中央にある台座や水盤内の水の色と空の色のコントラストも美しく、フワフワと舞い上がるように水が噴き出されると、繭のようです。フワッと包み込まれるようで、心を軽くしてくれます。北国の青森でほっこりとする噴水です。

【噴水ミニ情報】
本州最北端の青森県は有名なりんごの産地。世界遺産の白神山地や奥入瀬渓流などの観光スポットも数多くあり、県庁所在地である青森市では日本を代表するねぶた祭も。青森市にある平和公園は、名前どおり平和と平穏への願いが込められた公園です。美しい花壇や平和を象徴したようなモニュメントに囲まれ、安らぎと慰めを与える噴水があります。

【アクセス】
青森空港からバス、タクシーなど。目的地まではタクシーだと約30分。青森駅までタクシーで約25分、バスで約35分。青森駅から目的地まではタクシーで約10分。バスで平和公園前まで約15分で、そこから徒歩ですぐ。

【アドレス】
青森県青森市勝田2-14

噴水心理指数
思考指数：■■■■■■ 6
感情指数：■■■■■■ 6

中央郵便局前の噴水

フィリピン／マニラ　Philippines/Manila

噴水からのメッセージ

いつも上手くいかない。きっとこれからも？
先のことはわからない。だから、今を全力で生きよう。

▶ **弱気になっているあなたへ**

失敗の経験があなたを臆病にさせているなら、自信のある「フリ」をしてみてください。簡単なことではありませんが、「フリ」をすることで弱気な自分と弱気ではない自分の違いが見えてきます。前に進みたい自分もいることがわかってきて、どのように今を生きたらよいかもわかるようになるはずです。それが自信につながり、弱気な自分を変える第一歩になるでしょう。

【心象】円形の水盤の中央に大きな台座をもち、背景の建物の淡い色合いがより重厚な雰囲気を醸し出しています。台座から勢いよく噴き出る3本の水は、周囲から優しく噴き出されるいくつかの水たちとバランスよく引き立てあっているようです。神殿のような荘厳な中央郵便局のたたずまいにも負けない堂々した姿は貫禄十分。まるで「私は負けない」と言っているかのようです。

【噴水ミニ情報】

7000以上の島で構成されているフィリピンは、平均気温が26度から27度の亜熱帯気候の温かい国で、ビーチリゾートとしても有名です。首都マニラは歴史の感じられる建造物と、マニラ湾に沈む世界三大夕陽などの美しい自然が織り混ざった魅力的な街。この噴水は、豊富な水と中央郵便局の薄黄色の外観とのコントラストが素敵で癒されます。

【アクセス】

ニノイ・アキノ国際空港からエアポートタクシーやエアポートバスなど。目的地まではエアポートタクシーで約30分。渋滞した場合は倍以上の時間がかかる。目的地近くまでバスや地下鉄を利用する方法もあるが、おすすめはエアポートタクシー。

【アドレス】

Philippine Post Building, Liwasang Bonifacio, Ermita, Manila, 1000 Metro Manila, Philippines

愛と優しさが溢れる！

函館公園の噴水

日本／函館　Japan/Hakodate

> 噴水からのメッセージ

今の苦しみは将来苦しまないためのものだよ。

▶ **試練にぶつかっているあなたへ**

生きていれば誰にだって試練は訪れます。早く通り過ぎてほしくて、急いだり、無理して乗り越えようとしたりするでしょう。でも、そうするほど苦しみは増します。そもそも人生は試練が続くものです。乗り越えられるか乗り越えられないかではなく、大切なのは試練を受け入れることができなくても、受け止めようとすることです。試練の一つひとつがあなたを成長させてくれるでしょう。

【心象】中央の噴水があり、その四方に小さな山の造形物があります。噴水全体が周囲の地形や木々にもよく似合っています。園内に入ると、すぅっと噴水に吸い込まれてしまうような柔らかさも感じます。中央で高く噴き出す水と、四方の小さな山から噴き出す水のバランスがとれていて、ほのぼのとした雰囲気を醸し出しています。ここは私の父の生まれ故郷。愛と優しさに溢れています。

【噴水ミニ情報】
広大な北海道は、大自然を満喫できる観光スポットや新鮮な海や山の幸、日本一の数を誇る温泉など、多彩な楽しみ方のできる日本屈指の観光地です。札幌や小樽などの街にも、建造物やイベントなど、魅力的な観光スポットが山ほどあります。三大夜景でも有名な函館もまた人気観光都市。この噴水は函館山のふもとにある桜の名所、函館公園にあります。

【アクセス】
函館空港からシャトルバス、路線バス、タクシーなど。目的地まではタクシーで約20分。函館駅までバスで約30〜50分、タクシーで約20分。函館駅から目的地まではタクシーで約10分。市電で最寄の青柳町まで約10分で、そこから徒歩で約5分。

【アドレス】
北海道函館市青柳町17-3

噴水心理指数
思考指数：■■■■■ 5
感情指数：■■■■■ 5

宇宙からも見える！

ドバイ・ファウンテン

アラブ首長国連邦／ドバイ

United Arab Emirates/Dubai

噴水からのメッセージ

コロコロ考えを変えてしまう自分が情けないと思う？変えることができるから生き残れるんだよ。

▶ **自分がないと感じるあなたへ**

どんな相手にも誠実に向き合おうとすると、自分がないと感じたり、自分を偽ったりして無理してしまうかもしれませんね。欲しいものを欲しいと言ってこなかったから、「自分がない」というより自分がわからなくなってしまっているのです。自分の欲求に正直に素直になりましょう。忘れないでほしいのは、自分がない人なんていないということです。

【心象】さまざまな世界最大級をもつドバイにおいては噴水ショーも桁外れ。人工湖「ブルジュ・ハリファ・レイク」の噴水の長さは275m、高さは最大で150m。音楽に合わせて変幻自在に姿を変える水と光は、その迫力に圧倒されるばかりで、人間のすごさを感じます。

【噴水ミニ情報】
アラビア半島にあるアラブ首長国連邦は7つの首長国からなる国。なかでも飛躍的な発展を遂げているのがドバイです。世界最大級の水族館をもつ豪華なショッピングモールに、地上828m160階建てで世界一の高さを誇るブルジュ・ハリファ。そのショッピングモールの前に、世界最大級といわれるドバイ・ファウンテンがあります。光り輝く噴水は宇宙からも確認できるといわれるほどです。他では体験できない船からの噴水観覧もできます。夜のライトアップはぜひブルジュ・ハリファの展望台から。昼とは一味違う神秘的な様相に息をのんでしまうことでしょう。

【アクセス】
ドバイ国際空港からタクシー、バス、電車で。目的地まではバスと徒歩で約60分。地下鉄で最寄駅のブルジュ・ハリファ／ドバイ・モール駅まで約20分、タクシーで約15分。

【アドレス】
Dubai Mall, Sheikh Mohammed bin Rashid Boulevard, Dubai, United Arab Emirates

噴水心理指数
思考指数：■■■■■■■■■9
感情指数：■■■■■■■■■■10

大地の息吹が
すぐ目の前に−

鹿児島市中央公園の噴水

日本／鹿児島　Japan/Kagoshima

噴水からのメッセージ

たくさん話せても伝わるとはかぎらない。
心に届く言葉はひと言でも響く。

【心象】小さくシンプルな造形物でありながら、赤茶色の色合いと山を感じさせるどっしりとした重厚感に心が落ち着きます。渾々と噴き出る水は、小さいながらも底知れない力を感じさせ、それはまるで鹿児島で日常的に見られる桜島の噴煙のようです。美しさと厳しさが伝わって来て心が揺り動かされるのを感じます。

▶▶何を話しても軽く受け取られてしまうあなたへ

いくら話しても相手に伝わっていないと感じることがありますよね。人は言っている言葉だけではなく、行なっていることや態度などの人となりからも言葉を感じます。心から思っていることを伝えたいなら、それが実際にやれている人、やろうとしている人であることです。大切なのは、何を言っているかではなく、どのような人が言っているかでしょう。

【噴水ミニ情報】
屋久島や種子島宇宙センターなどで知られる鹿児島。なかでも活火山の桜島は鹿児島を象徴する観光スポットです。歩いていても車で移動していても、どこにいても雄大な姿が視界に入ってきて、大地の息吹を感じずにはいられません。県庁所在地である鹿児島市には、この桜島をとりまく観光スポットが数多くありますが、中央公園には桜島を思わせる噴水があります。

【アクセス】
鹿児島空港からはタクシーやリムジンバスで。目的地までタクシーで九州自動車道を利用して約35分。リムジンバスで最寄の天文館まで約50分。そこから徒歩約5分。鹿児島中央駅まではタクシーで約35分。リムジンバスで約40分。鹿児島中央駅からタクシーで約5分。市電で最寄の天文館通りまで約10分。そこから徒歩5分。

【アドレス】
鹿児島県鹿児島市山下町4-1

そっと、やさしく包み込まれる！

富山県庁前公園の噴水

日本／富山　Japan/Toyama

噴水からのメッセージ

人から、良く思われたいのであれば、
まずは、あなたが自分自身を良く思うことだよ。

▶▶ すぐ他人を非難してしまうあなたへ

人はみな、周囲からよく見られたいと思うものです。それなのに他人を責めてしまうとしたら、自分で自分自身もよく思えていないからです。必要なのは人がどうではなく、まずは、自分が良く思うことです。自分を決して卑下しないでください。そして、これが自分なんだと、あなた自身だけは、認めてあげてください。それが大切です。

【心象】大きな円状のシンプルな水盤は、壁面の色合いや大きさと相まって純粋さが感じられ、今の時代に合った魅力があります。噴き出るいくつもの水は、周囲の建物や豊かな木々に溶け込み、違和感のない美しさを表現しています。視界いっぱいに噴水を眺めていると、たくさんの人が空へ手を広げているような感じもします。その手のぬくもりに包みこまれるようです。

【噴水ミニ情報】
富山県には、黒部ダムや立山黒部アルペンルートなど自然の豊かな観光地がたくさん。北陸新幹線の開通で手軽に行けるようになり、宇奈月温泉駅前の温泉噴水、富山湾と立山連峰との絶景を楽しめる雨晴海岸、名産であるほたるいかのミュージアムなど、魅力がいっぱいです。この噴水は県庁前で人々を迎えてくれます。

【アクセス】
富山きときと空港からバス、タクシーなど。目的地まではタクシーで約20分。富山市役所前まではリムジンバスで約25分。目的地はそこから徒歩で約3分。富山駅まではリムジンバスで約25分、タクシーで約20分。富山駅から目的地は徒歩で約10分、タクシーで約7分。富山地鉄で県庁前まで約3分で、そこから徒歩ですぐ。

【アドレス】
富山県富山市新総曲輪1の付近

噴水心理指数
思考指数：■■■■■■ 6
感情指数：■■■■■■■ 7

水のウェディングケーキ！

スディルマン駅近くで見かけた噴水

インドネシア／ジャカルタ　Indonesia/Jakarta

> 噴水からのメッセージ

大切にしたい人がいるよね。それなら、多くの人を大切にできるようになること。

【心象】6段あるタワー型の造形物はシンプルながらも重厚感があり、思いきりのよい優雅さもあって惹きつけられます。各段から噴き出るいくつもの水たちは、小さいながらもとてもきらびやかで、造形物を美しくおおっています。まるで豪華なウェディングケーキのようにも見えて、周囲を華やかに彩っています。

▶積極的な人になりたいあなたへ

優しく控えめな人は消極的だと見なされやすく、積極的な人と比べて損することが多いものです。人生は一度きり。はじめから大きなことはできなくていい。どんな小さなことでもいい、物怖じせずに立ち向かってみて。私たちの周りには意外と優しい人が多いことに気づくことでしょう。そのことを忘れず人に関わっていくことが自分を肯定し、気の弱さを助けて積極的な自分へと変えていきますよ。

噴水心理指数
思考指数:■■■■■■ 6
感情指数:■■■■■■ 6

【噴水ミニ情報】

バリ島をはじめ、人々を惹きつけてやまないリゾート地が点在するインドネシア。一方で、首都であるジャカルタは大都市らしいパワーを感じさせます。世界一の渋滞と言われる道路にはいくつもの噴水が配され、喧騒の中で耳を澄ませるとどこからか聞こえてくる水の音。その方向に目を向ければ公園やショッピングモール、企業の敷地内などであちこちに噴水があります。

【アクセス】

スカルノ・ハッタ国際空港からタクシー、バスなどがあるが、おすすめはタクシー。目的地近くまでタクシーで約50分。ただし混雑具合による。最寄駅はスディルマン駅。スディルマン大通りにあるスディルマン将軍像近く、スディルマン将軍通り沿いの敷地内で見かけた噴水。

【アドレス】

Sudirman Station, Jalan Kendal No.24, RT.10/RW.6, Menteng, Kota Jakarta Pusat, Daerah Khusus Ibukota Jakarta 10310, Indonesia

疲れた心を優しく照らす！

九龍公園の噴水

香港／九龍　Hong Kong/Kowloon

噴水からのメッセージ

望んだ人生とは違うと嘆いても心は重くなるばかり。一つでもいい、そう悪くなかったことを思い出してみて。

▶後悔ばかりのあなたへ

後悔のない人生なんてないし、反省することばかりかもしれない。でも忘れないでください、いくら後悔しても過ぎた時間は戻らないことを。反省することは必要ですが、今ここから生まれる未来に向けて時間をどのように使おうかと考えることのほうがはるかに大切でしょう。心に誓ってください。「もう後悔しないように生きる」と。

【心象】たくさんの樹々に囲まれた九龍公園の中にある丸い水盤の噴水は、周囲に100人は腰掛けられるほど。広々とした空間の中心から空に向かって真っ直ぐに、高々と水が噴き出されています。その水は、樹々の間から射し込む光に輝き、訪れる人々の心を優しく照らしてくれる。そんなイメージが湧いてくる噴水です。

【噴水ミニ情報】
見る人を熱狂させる香港といえば100万ドルの夜景でしょう。でも、香港島や九龍半島の高層ビルから放たれるレーザー光線と音によるショー「シンフォニー・オブ・ライツ」も最近の話題。「ヴィクトリア・ピーク」から見下ろす港も世界三大夜景のひとつとして知られています。そんな香港にある九龍公園の噴水は多くの地元の人たちで賑わう憩いのスポットです。

【アクセス】
香港国際空港は、エアポート・エクスプレス、地下鉄、空港バス、タクシー、エアポートシャトルバス、エアポートリムジンなどの移動手段が充実。目的地まではタクシーで約40分。バスだと九龍公園のある尖沙咀まで約60分で、そこから徒歩で約5分。エアポート・エクスプレスで九龍半島の九龍駅までは約20分で、そこから尖沙咀までタクシーで約10分。地下鉄だと約8分で、Ａ１出口から徒歩で約3分。

【アドレス】
22 Austin Road, Tsimshatsui, Kowloon, Hong Kong

繊細な心に
ささやく！

チットラダー離宮前の噴水

.... タイ／バンコク　Thailand/Bangkok

噴水からのメッセージ

鈍感さを装うより、敏感な自分のままでいい。だって、それがあなたなんだから。

▶傷つきやすいあなたへ

感性が敏感だと、他人の気持ちに反応しすぎたり、細かいことが気になりすぎて疲れてしまう。周りに振り回されてしまうこともあるでしょう。だから、鈍感になれるかというとそうはいかないでしょう。繊細だからこそ自分にしか感じられないことがある。そんな感受性豊かな自分を認めてあげてください。性格を変えようとするのではなく、この性格は素晴らしいと思って活かしていくことが大切です。傷つくことが少しでもなくなりますように。

【心象】お堀の一角にある造形物はとても美しく、まるで人魚と魚たちが歌い踊っているようです。噴き出される水は人魚たちをきらびやかに装飾して、幻想的なワンシーンを目の前に繰り広げてくれます。噴水全体が柔らかな優しさを漂わせていて、幸せと平安を感じずにはいられません。

【噴水ミニ情報】
微笑みの国と言われ、街中にも笑顔があふれるタイ。華やかな王宮や古代遺跡に寺院など見どころも多く、首都であるバンコクのワット・プラケオ、ワット・アルン、ワット・ポーは特に有名な3大寺院です。宮殿や寺院の密集するエリア、ドゥシット宮殿内にチットラダー離宮があります。内部を見ることはできませんが、外周道路からお堀の一角にあるこの噴水を見ることができます。

【アクセス】
スワンナプーム国際空港からは電車、リムジンタクシー、バス、タクシーなど。バンコク中心部まではタクシーで約40分、電車で約1時間。目的地まではタクシーで約40分。渋滞の場合は倍以上かかることも。電車とバスを利用すると約1時間30分。ただし、アクセスが難しいので、タクシーもしくは市内からトゥクトゥクなどがおすすめ。

【アドレス】
Khwaeng Suan Chitlada, Khet Dusit, Krung Thep Maha Nakhon 10300, Thailand

噴水心理指数

思考指数：■■■■ 4
感情指数：■■■■■■■ 7

愛を育む！

愛のシーサー公園の噴水

日本／沖縄　Japan/Okinawa

噴水からのメッセージ

騙されやすい自分を嘆かないで。それは正直に生きている証拠。

▶▶ **騙されやすいあなたへ**

人の気持ちに合わせられることは素晴らしいことです。しかし合わせすぎて、周りの言動に振り回され苦しい思いをすることもあります。大切なのは、自分で深く考え、自分の目で物事を確認しているかどうか。決して、騙すより騙されるほうがいいなんて言わないこと。結局、どちらも苦しむことになるのだから。

【心象】ゆっくりと回る台座の上には3体の親子と思われるシーサー（沖縄の守り神）。その周囲で噴き出される水はとても柔らかで、愛が育まれゆくのを見守っているかのようです。何よりも印象的なのは、シーサーを覆い囲むように置かれている冠のような造形物。咲き乱れる花のようにきらびやかで美しく大らかです。大いなる愛と沖縄感が漂っています。

【噴水ミニ情報】
沖縄県は南西諸島にある多くの島々で構成されています。美ら海水族館や絶景のビーチなど魅力的な観光スポットも多数。県庁所在地の那覇には、県内最大の木造建築物である首里城がある。歩いていると至る所で見かけるのがシーサー。魔除けの意味をもつ伝説の生き物の像です。愛のシーサー公園の噴水ももちろん、シーサーが守っています。

【アクセス】
那覇空港からは、モノレール（ゆいレール）、リムジンバス、タクシーなど。目的地までは、タクシーで約15分。リムジンバスで那覇バスターミナルまでは約15分。そこから徒歩で約7分。モノレールで県庁前まで約20分で、そこから徒歩で約3分。

【アドレス】
沖縄県那覇市泉崎1-2-31

ありったけの想い

久屋大通公園の希望の泉

日本／名古屋　Japan/Nagoya

噴水からのメッセージ

人の評価は人のもの。
ただひたすらやるべきことをやるだけ。

▶人と比べてしまうあなたへ

「隣の芝生は青く見える」と言われますが、人と比べることが癖になると、劣等感に悩まされて落ち込むことも少なくないでしょう。大切なのは、その癖をやめるかやめないかではなく、うまく利用することです。人と比べるのではなく「これまでの自分」と比べてみませんか。そのほうが、はるかに気づきがあるはず。小さな変化でもいいから認めてあげてください。そこから可能性が広がっていきますよ。

【心象】円形の水盤の中にある大きな3つの皿は、3枚でひとつの造形物でありながら、1枚1枚からも独特な個性が放たれています。噴水がその圧倒的な造形物の存在感を柔らかさと透明感で包み込んでいます。頂部の裸婦像にも人の心に訴えかける力強さを感じます。名古屋テレビ塔を背景にして見ると、街全体を称えるような主張も感じられます。

【噴水ミニ情報】
日本の歴史に大きく名を残した織田信長、豊臣秀吉、徳川家康、三人の戦国武将を輩出した土地。名古屋市には金のしゃちほこで有名な名古屋城があり、犬山城や岡崎城などの歴史を感じさせる観光スポットがたくさん。この希望の泉は、名古屋市のシンボル的な存在である久屋大通公園にあります。

【アクセス】
中部国際空港セントレアからは電車、バス、タクシーなど。目的地まではタクシーで約55分。バスで栄バス停まで約1時間10分で、そこから徒歩で約2分。電車で栄駅まで約45分で、そこから徒歩で約2分。名古屋駅までタクシーで約50分、バスで約60分。電車で名鉄名古屋駅までは約30分で、そこから徒歩約4分。名古屋駅から目的地までタクシーで約15分。地下鉄で栄駅まで約5分で、そこから徒歩約2分。

【アドレス】
愛知県名古屋市東区久屋町付近

噴水心理指数

思考指数：■■■■■■■ 7
感情指数：■■■■■■■■ 8

青空に咲く水の花！

カタルーニャ広場の噴水

スペイン／バルセロナ

Spain/Barcelona

噴水からのメッセージ

魔法の言葉なんてない。
でも、あなたが必要としている言葉はある。

▶︎ユーモアがなくて、というあなたへ

真面目で几帳面な人は周囲から信頼されるけれど、注目されることが少なく、ちょっと寂しいことも。もっと人を笑顔にできるユーモアがあるといいでしょうが、何が面白いかは人によって違うから簡単ではありません。目の前の人をよく観察してみてください。あなたが、ではなく、その人が興味を持っていそうなことを見つけて話題にしてみるといい。きっと笑顔が生まれますよ。

【心象】円形の水盤の周囲には、水が樹木のように見える噴水がぐるっと並んでいます。しかも、噴き出される水は瞬間、瞬間に姿を変えますが、全体はひとつにまとまって見えます。その美しさは贅沢なほどで心が和まされます。夜の美しいイルミネーションでは、柔らかな光のダンスがロマンティックなムードで周囲を包み込みます。

【噴水ミニ情報】
カタルーニャ州は、スペインの北東部の地中海岸に位置する自治州のひとつです。州都はスペイン第二の都市であるバルセロナ。ガウディのサグラダファミリア、ピカソ美術館やカタルーニャ美術館などでも知られる芸術溢れる街で、いたるところで魅力的な作品に出会うことができます。噴水のあるカタルーニャ広場は、そんなバルセロナの中心地です。

【アクセス】
バルセロナ・エルプラット国際空港からバス、地下鉄、タクシーなど。目的地まではバスで約35分、タクシーで約25分。地下鉄を利用するとトラッサ駅で乗り換えて約45分。

【アドレス】
Plaza de Catalunya, 08002 Barcelona, Spain

噴水心理指数
思考指数：■■■■■■6
感情指数：■■2

安心して羽ばたける！

飯田市中央公園の噴水

日本／長野　Japan/Nagano

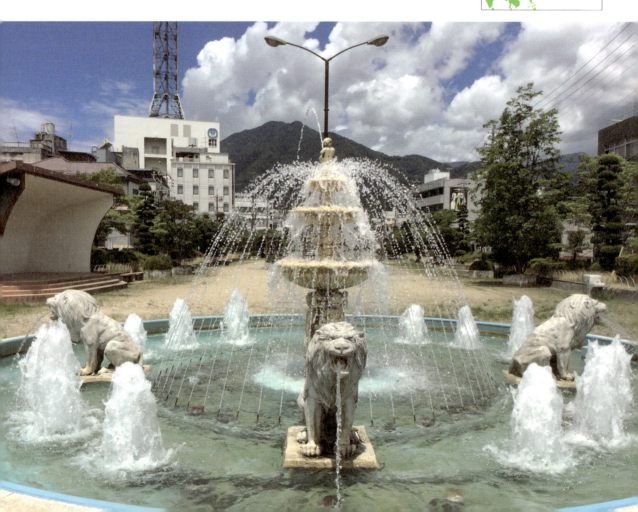

噴水からのメッセージ

なす術がないと嘆いているだけではダメだよ。気持ちを落ち着けて、もっと周りを見てみなよ。

▶**焦って視野が狭くなってしまうあなたへ**

どうしようと焦るほど、さまざまな視点で物事を見ることができなくなります。新しいアイデアも浮かんできません。「視野」が狭くなると「視界」も狭くなりがち。まず「視界」を広げてみてください。目に見える範囲が広がると視界も広がり、見えていなかった世界がたくさんあることに驚きますよ。

【心象】四方に配置されたライオンの像は頼もしく、子どもの彫像がある中央の塔を守っているようです。それぞれのライオンの口から噴き出している水は1本ですが、周辺で噴き出ている水と絶妙なバランスがとれていて、安心感をもたらしてくれます。まるで優しさと強さを兼ね備えた母親がそばにいるようで、感謝の気持ちが自然と湧きあがってきます。

【噴水ミニ情報】
川の長さや隣接県数など日本一が多い県として長野県は有名です。日本アルプスの山々に囲まれた壮大な自然、四季折々の表情を見せる山岳の景色や有名な温泉地など、魅力的なスポットが数多くあります。南アルプスと中央アルプスに挟まれた南信州の飯田市も、天竜川や昼神温泉などの自然に恵まれ、街の中央公園には、こんなに立派な噴水があります。

【アクセス】
信州まつもと空港（松本空港）からの移動手段はバス、タクシーなど。目的地まで車だと約1時間30分。バスを乗り継いで飯田商工会館まで約2時間15分で、そこから徒歩で約5分。最寄の飯田駅までは車で約1時間30分、バスを乗り継ぐと約2時間。飯田駅からはタクシーで約5分、徒歩で約10分。

【アドレス】
長野県飯田市銀座1丁目中央交差点付近（中央公園公衆トイレ付近）

つい笑ってしまう

ヘルブルン宮殿の仕掛噴水

オーストリア／ザルツブルク　Austria/Salzburg

噴水からのメッセージ

人と一緒にいても楽しめないと落ちこまないで。人と交わろうとすることがスゴイこと。

▶︎ 人といると疲れるあなたへ

みんなと楽しく付き合いたいから一生懸命に合わせようとすると、かえって疲れてしまうことってありますよね。自分が無理して合わせなくても、相手が自分に合わせたいと思ってくれればずっと楽になります。それには、相手のことを好きだよと伝えることです。きっと合わせてみたいと思ってくれることでしょう。

【心象】細く流れる〝水の道〟を挟んで向き合う2匹の亀の彫像は、指でつついてみたくなるくらい愛らしい。強く惹きつけられる仕掛けをじっと見ていると思わず笑顔になってしまいます。2匹の亀の口から噴き出される一本の細い水は、どちらが噴き出して、どちらが受けとめているのかわかりませんが、この水で2匹がつながっているように見えます。（左頁）

【噴水ミニ情報】
中央ヨーロッパに位置するオーストリアは音楽に大自然、美しい建築物など魅力的な国です。首都ウィーンやザルツカンマーグートなど、おすすめの観光地がたくさん。なかでも、モーツァルトが生まれ、音楽の都として知られるザルツブルクは歴史的な街並みの残る美しい街。個人的には人の心の美しさも感じられる素敵な街です。

【アクセス】
ウィーン国際空港からタクシー、バス、電車など。ザルツブルク中央駅まで電車で約2時間40分。そこからタクシーで約20分。最寄りのSchloss Hellbrunnまでバスで約25分で、そこから徒歩で約5分。ザルツブルク空港からザルツブルク中央駅へはタクシー、バスなど。目的地までタクシーで約15分。ザルツブルク中央駅までバスで約25分、タクシーで約20分。

【アドレス】
Fuerstenweg 37, Salzburg 5020, Austria

噴水心理指数
思考指数：1
感情指数：1

心が躍りだす！

ウランバートル公立公園エリアの荒馬ならし像の噴水

モンゴル／ウランバートル　Mongolia/Ulaanbaatar

| 噴水からのメッセージ

なにもかも失ってしまったわけじゃない。
あなたはまだここにいるじゃない。

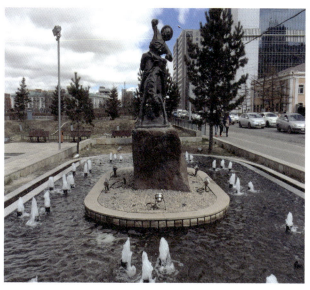

▶ 大切な人を亡くしてしまった あなたへ

愛した人を失ったときの感情は、一言では表わせません。他の誰かと同じでもないでしょう。激励の言葉や慰めの言葉も聞こえません。聞きたくもありません。仕方のないことになんてできません。そんなときは、ふっきることも乗り越えることも、辛さから遠ざかることも必要ありません。感謝の気持ちをもって辛さと共に強く生きたらいい。それが多分、あなたには一番合っている大切なこと。

【心象】遊牧民の暮らしを表わしたような「荒馬ならし」の彫像はとても勇ましく、馬と乗り手の力強さが伝わってきます。彫像を囲む水盤のあちこちに水が噴き出す光景は、馬が駆ける青々とした草原に風が吹いているよう。静かに目をつむれば、どこからともなく馬頭琴の音色が聴こえてくるような爽やかな躍動感に心が揺さぶられます。

【噴水ミニ情報】

東アジアの北方、大自然に溢れるモンゴル。広い空とどこまでも広がる大きな草原。家畜を放牧しながらゲルで暮らし、季節の変化に合わせて移動する遊牧民族の文化で知られています。近代的なビルの立ち並ぶ首都ウランバートルの中心にチンギスハンの名を冠した広場があり、そのほど近い公園にこの噴水があります。

【アクセス】

チンギスハン国際空港からの移動手段はタクシーと路線バス。目的地までタクシーで約30分。バスでウランバートル中心部までは約50分。目的地付近のスフバートル広場辺りから徒歩で約5分。ただし、空港から乗り場まで15分以上歩くのでタクシーがおすすめ。

【アドレス】

Ulaanbaatar Public Park, Peace Avenue, Ulaanbaatar, Mongolia

噴水心理指数

思考指数：■■■■ 4
感情指数：■■■ 3

清涼感に包まれる！

サンタ・マリア・デ・ラ・カベサ通りロータリーの噴水

スペイン／マドリード　Spain/Madrid

噴水からのメッセージ

誰だって失敗してしまったと悔いることはあるもの。でも、やりたいことをやって失敗するのなら幸せだよ。

▶▶ **失敗を悔やむあなたへ**

人生に失敗はつきものです。過ぎた過去はどうすることもできません。それでも、失敗したことは引きずってしまう。でも、忘れないでください。誰だって悔やむことはあるのです。大切なのは悔やんでも自分を駄目だと思わないことです。失敗から目を背けないで反省するから人は成長できるのです。

【心象】斜めに切りとられたような円状の水盤を噴き出した水が流れていきます。その姿には、すべてを隠すことなく見せているような潔い美しさがあります。行き交う人や車に顔を向けて挨拶しているような親しみも覚えます。光を受けて水が輝きを放ち、清涼感に溢れています。

【噴水ミニ情報】
情熱の国スペインは、その全土に魅力的な観光スポットが点在しています。首都であるマドリードにも、ぜひ訪れたい観光スポットが多数。プラド美術館にマドリード王宮、マヨール広場などを巡りながら街を歩いていると、サンタ・マリア・デ・ラ・カベサ通りのロータリーで爽やかな噴水に出会えます。

【アクセス】
マドリッド・バラハス空港からの移動手段はバス、地下鉄、電車、タクシーなど。目的地まではタクシーで約25分。電車や地下鉄を利用してDeliciasTrain Stationまで約40分で、そこから徒歩で約8分。バスでアトーチャ駅まで約30分で、そこから電車に乗り継ぐと、Embajadoresまで約2分。そこから徒歩で約5分。

【アドレス】
Glorieta Sta. Maria de la Cabeza, 66, 28045 Madrid, Spain

波紋にたたずむ！

レジェンドアウトレットカンザスシティ内の噴水

アメリカ／カンザスシティ　U.S.A/Kansas City

噴水からのメッセージ

夢は願えば叶うのではない。
追わなければ叶わないよ。

▶▶ 夢を諦めているあなたへ

今を大切に生きることは、人生に欠かせないことです。でも同時に未来に夢があるから、人は自分らしく輝いて生きることができます。夢が叶うか叶わないかより、夢をもっていること自体が大切なのです。あなたには夢がありますか？

【心象】釣り人の彫像と、川や水面に広がる波紋を表現したような水盤の底の模様。釣り人と一緒に自然界に入り込んでいるような感じで、心が落ち着きます。よく見ると、魚がヒットしたときの水しぶきのように水が噴き出しています。一緒に釣りをしているような心地よい緊張感もあります。静けさのなかにも躍動感を感じて、思わず見入ってしまいます。

【噴水ミニ情報】

都市によって歴史と文化が異なるアメリカは、場所によってまったく違う表情をもちます。「ハート・オブ・アメリカ」と呼ばれるカンザスシティの魅力は、バーベキューにジャズ、豊かな自然などアメリカを象徴するカルチャーがあること。レジェンドアウトレットカンザスシティ内にある噴水もそのひとつです。

【アクセス】

カンザスシティ国際空港にはタクシーやシャトルバスなどの移動手段がある。目的地まではタクシーで約30分。ダウンタウンへはタクシーで約30分、シャトルバスで約40分。ダウンタウンを経由するシャトルバスと路面電車（ストリートカー）の利用で目的地まで約2時間20分。公共交通機関がバスと路面電車しかないのでタクシーまたはレンタカーがおすすめ。

【アドレス】

30 West Pershing Road Kansas City, MO 64108, U.S.A

おとぎの世界にようこそ！

旧市街の11基の噴水

スイス／ベルン
Switzerland/Bern

噴水からのメッセージ

大切な人を自分が幸せにできないこともある。
でも、他の誰かが幸せにしてくれるなら、それでいい。

▶ **なんでも自分でやらないと気がすまないあなたへ**

何でも自分でやろうとすることは立派です。でも自分でできることばかりではありません。無理してやろうとすれば失敗してしまうでしょう。ときには人に助けを求めること、頼ること、任せることも必要です。任せることに心配はつきものですが、人を信じてみるほうが素敵ですよ。大切なのは誰がやるかではなく物事が上手くいくことなのです。

【心象】水盤の中心の塔の上に、色彩豊かな彫像が飾られた人物像がのっています。そして、水盤にやさしく一筋の水が優しく噴き出しています。そんな噴水が11基、それぞれ周囲の雰囲気に調和して立っている光景は、まるでおとぎ話の世界にいるよう。おとぎの世界にいるようですが、身近さも感じられる不思議な存在です。

【噴水ミニ情報】
マッターホルンやユングフラウヨッホなど自然の魅力のつまった永世中立国スイス。噴水大国としても知られ、首都ベルンには100カ所の噴水があるといわれています。なかでも有名なのが、牢獄塔や時計塔などの見所が勢ぞろいしている旧市街の周辺にある11基の噴水。どれにも名前と逸話があり、ユーモラスなものから恐ろしいものまでバラエティ豊かです。

【アクセス】
チューリッヒ空港からタクシー、電車など。目的地までは車で約2時間。電車を利用して最寄のベルン駅までは約1時間30分で、そこから徒歩約5分。

【アドレス】
Bim Zytglogge 3, 3011 Bern（旧市街のツィットグロッゲ時計塔周辺）, Switzerland

世界の噴水一覧

- アメリカ
  - ❶ダラスの世界最大級の馬像噴水 ……………… 16
  - ❷クラウン噴水 ……………………………………… 18
  - ❸バッキンガム噴水 ………………………………… 20
  - ❹ユニオン駅前の噴水 ……………………………… 22
  - ❺フォートワースウォーターガーデンズ内の噴水 … 28
  - ❻ベラージオ・ホテル＆カジノ前の噴水ショー … 72
  - ❼レジェンドアウトレットカンザスシティ内の噴水 … 108
- アラブ首長国連邦
  - ❽ドバイ・ファウンテン …………………………… 82
- イタリア
  - ❾ダ・ヴィンチ空港近くの紳士の噴水 …………… 10
  - ❿イゴール・ミトライの噴水 ……………………… 58
  - ⓫トリトーネの噴水 ………………………………… 60
- インドネシア
  - ⓬スディルマン駅近くで見かけた噴水 …………… 88
- オーストラリア
  - ⓭エルアラメイン噴水 ……………………………… 12
  - ⓮マクアリー・プレイス・パークの噴水 ………… 34
- オーストリア
  - ⓯ヘルブルン宮殿の仕掛噴水 ……………………… 102
- 韓国
  - ⓰韓国銀行貨幣金融博物館前の噴水 ……………… 36
- シンガポール
  - ⓱サンテック・シティモールの富の噴水 ………… 42
- スイス
  - ⓲ティンゲリーの10基の機械式噴水 ……………… 32
  - ⓳旧市街の11基の噴水 ……………………………… 110
- スペイン
  - ⓴サルバドール・アスプリー庭園の噴水 ………… 50
  - ㉑カタルーニャ広場の噴水 ………………………… 98
  - ㉒サンタ・マリア・デ・ラ・カベサ通りロータリーの噴水 …………………………………………………… 106
- タイ
  - ㉓チットラダー離宮前の噴水 ……………………… 92
- 中国
  - ㉔新天地北里の噴水 ………………………………… 48
- 日本
  - ㉕東本願寺前の蓮華の噴水 ………………………… 26
  - ㉖山形県郷土館「文翔館」の噴水 ………………… 38
  - ㉗山形県県民会館の噴水 …………………………… 54
  - ㉘和田倉噴水公園の噴水 …………………………… 64
  - ㉙向日市の噴水公園の噴水 ………………………… 66
  - ㉚青葉緑地の噴水「ZEN」 ………………………… 44
  - ㉛岩国市吉香公園の噴水 …………………………… 70
  - ㉜高知市中央公園の噴水 …………………………… 74
  - ㉝平和公園の噴水 …………………………………… 76
  - ㉞函館公園の噴水 …………………………………… 80
  - ㉟鹿児島市中央公園の噴水 ………………………… 84
  - ㊱富山県庁前公園の噴水 …………………………… 86
  - ㊲愛のシーサー公園の噴水 ………………………… 94
  - ㊳久屋大通公園の希望の泉 ………………………… 96
  - ㊴飯田市中央公園の噴水 …………………………… 100
- バチカン
  - ㊵サン・ピエトロ広場の噴水 ……………………… 68
- フィリピン
  - ㊶中央郵便局前の噴水 ……………………………… 78
- ベトナム
  - ㊷ドンスアン市場内の噴水 ………………………… 40
- ペルー
  - ㊸レセルバ公園の噴水 ……………………………… 14
  - ㊹レセルバ公園の噴水 ……………………………… 52
- 香港
  - ㊺九龍公園の噴水 …………………………………… 90
- マカオ
  - ㊻ウィン・マカオ・ホテルの噴水 ………………… 46
  - ㊼セナド広場の噴水 ………………………………… 62
- マレーシア
  - ㊽ショッピングモール「パビリオン」前の噴水 … 24
- モロッコ
  - ㊾リアド・バマガの噴水 …………………………… 56
- モンゴル
  - ㊿ウランバートル公立公園エリアの荒馬ならし像の噴水 …………………………………………………… 104
- ロシア
  - 51 ペテルゴフ宮殿の庭園の噴水 …………………… 30

（※各行末の数字は掲載ページ）

1. 噴水の真価

噴水との出会い

　太陽の陽射しが心地よく感じられた12歳の初夏のある日、遊びに出かけた東京の公園を見るともなしに歩いていると、空高く水が立ち上がり、弾けるように輝いている噴水に目が止まりました。

　私は自分の背丈をゆうに越えるその姿と慈愛あふれる表情に引きこまれ、身も心も包みこまれました。それは、波長の合う人と出会ったときのような一体感。まるで、もうひとりの自分がそこに存在するかのような、心強さと神秘さを感じたのです。

　この経験が、その後の行く先々で見かける噴水たちに、私の意識を強く向けさせました。

　あれから38年。数多くの噴水に出会いました。一口に噴水といってもいろいろあります。「控えめな」「柔らかい」「優しい」といった表現が似合う繊細なものから、「勇ましい」「力強い」「雄大な」といった表現が似合う豪快なものまでさまざまです。その多彩な表情に魅了される人も多いことでしょう。私もそのひとりです。

　また、噴水の表情は、時間や季節によっても変化しますし、光の影響でも違ってきます。そのときどきの表情が、ときには私たちを褒めたり勇気づけたり、怒ったり叱ったりしているように感じられることもあるのです。

　目の前のことに追われがちで、変化の激しい現代社会を生きる私たちにとって、噴水は何より潤いと安らぎを与えてくれる存在だともいえるでしょう。

　ところがその噴水が、1970年代後半から1980年代後半をピークとして、今では世界的に減少しているといわれます。実際に訪れてみても、かつてそこにあったものが今はないということがあります。あったとしても水が噴き出していなかったり、機能が失われてしまったりしているものも多くなっています。それは、私たちにとって大きな損失のように思えます。

　2015年、ローマのスペイン広場にある舟の噴水が、人のふるまいによって破損してしまったということがありました。17世紀に造られた貴重な噴水として守られてきたものです。映画『ローマの休日』の重要なシーンとなった、あの噴水です。

　あれほどまでに人々に愛されてきた噴水なのに、いまや完全に元どおりにするのは難しい。そんな話を聞くと、とても寂しい気持ちになります。最近の情報では、ローマ市長から、名所で水に足をつけたり、泳いだりする悪ふざけ行為に対して、期間限定で罰金を科すという発表があったそうです。

　噴水は私たちが人生のいろんな場面で寄り添えるものです。私たちに寄り添ってくれるものともいえます。

　私が世界の噴水を訪ね歩いていちばん感じることは、どこに行っても噴水の周りには幸せが溢れていることです。癒しをもたらしてくれます。思考と感性のバランスを整えてくれます。
　パート1にある噴水を眺めながら、噴水のメッセージに触れていただいた読者の皆さんは、そのことに気づかれたことでしょう。

噴水のある風景

　世界には、素敵な街がたくさんあります。歴史的な価値のある駅や塔、建造物などがある街、人々の生活の匂いを肌身で感じられる街、心がほっとするようなおもむきを感じられる街……。しかし、そんな街並みに身を置いているのに、何かが欠けているように思うことがあります。
　私にとって、それは噴水です。逆に、とくにこれといった観光資源が見当たらなくても、噴水があるだけで輝いている素敵な街だなと感じることもあります。噴水のある街並みが、周辺の環境と調和し、そこで生活する人々にやすらぎをもたらしていると感じられるからです。
　噴水があるのは街並みだけではありません。たとえば、イベント会場やレジャー施設、ビルの広場に設置されていたり、空き地の有効活用としてつくられた公園の中央に設置されていたりすることもあります。歴史のある噴水も大好きですが、こうして新しく生まれた噴水を見ると、とてもワクワクして嬉しい気持ちになります。

　しかし、こうした噴水が必要かどうかと聞かれれば、即物的にはなくて困るものとはいえないかもしれません。けれど、噴水と生活、噴水と文化、噴水と芸術といった歴史的な関係は、即物的な必要性を超えた噴水の役割があることを物語っていると考えられます。
　広い視野に立てば噴水は大切な存在であるといえるのではないでしょうか。今でも世界中に数多くの噴水がつくられ続けていること、古くからある噴水が国や地域住民によって大切に守り続けられていることも、そのことを示しているでしょう。
　ところが、世界の噴水を訪ね歩いていると、水が噴出されなくなっているものに出会うことがあります。メンテナンスや修理費、維持管理費の不足、節水など理由はいろいろです。水が流れていない噴水の造形物はどんどん輝きをなくしていきますし、噴水がある空間をとても寂しくしてしまいます。まるで脱け殻のようです。
　なかには、イベント時に急ごしらえでつくられたものの、そのまま放置され水が止められているものや、噴水があると、そこで楽しむ子どもの声や水音がうるさいというので水が止められているものもありました。
　水の臭いが気になるという苦情や、噴水の水がかかったという苦情をきっかけに水を止めたという話を聞いたこともあります。
　それでも、噴出機能の進歩によって維持管理費を抑えたり、稼働回数や稼働時間、稼働日、稼働月などを調整したりして、経費の削減を行なっている管理者も

少なくありません。そうして噴水を進化させ、なんとか噴水を維持しようと頑張ってくれている人たちがいることも事実なのです。

なかには、噴水なんてあってもなくてもいいし、意識していないという人もいるでしょう。けれど、気がつかないわけではないと思います。噴水というものが、あって当たり前の存在になっていて、すでに私たちの一部になっているといえるでしょう。

そのことに気づいたときに、噴水が私たちにとってほっとできる存在であればいい。ストレスの多い現代だからこそ、そんな噴水の存在が大切なのだと私は思います。

ドラマの小道具としての噴水

噴水が減っていると話しましたが、噴水が大切な役割を演じている場面に遭遇することもあります。

たとえば、人気の海外テレビドラマの多くのシーンに、噴水が映りこんでいるのをご存知ですか？ あるテレビドラマのCMあけは、常に噴水のシーンから始まります。テレビドラマの重要なシーンや場面の切り替えの際の背景にも、噴水が映りこんでいることが少なくありません。

テレビドラマだけでなく映画のさまざまなシーンで見かけることも以前より多くなりました。まるで噴水が作品の重要な役割を担う出演者のひとりのように。

その理由のひとつは、ドラマチックな場面からの展開や、話の切り替えの際の違和感や衝撃性をやわらげる、ある種の癒し効果を狙ったさり気ない演出です。

最近の臨場感のある映像は、見ている人を楽しませる一方で、追求しすぎた映像が負担を感じさせてしまうこともあります。そこで噴水の映像を利用すると、作品に心地良さが与えられます。それが、ドラマや映画の人気を高めることにつながっているのだと思います。

ただし、世界中の噴水を見てきた私からすると、どのシーンでもただ単に噴水を使えば良いというものではないでしょう。「このシーンには、こんな特徴の噴水を」といったように、それこそ噴水をひとりの個性的な役者として使い分けができたら……。癒し効果に加えて、そのシーンで主張すべき点を強調することにもなるはずです。

たとえば感情豊かなシーンとして際立たせたいのであれば、水量が多くて華やかであり、造形物が小さくて飾り気のない噴水を背景の中心に据えるといい。逆に、必要な情報や考え方を正しく伝えたいシーンであれば、水量は少なく控えめにし、造形物の大きな噴水を、背景の中心から外れたところに据えるといいでしょう。

エンディングやクライマックスシーンなら、見る人の心を揺さぶるために感情も思考も解放させる必要があります。それには、背景の全てを溢れんばかりの水量と芸術性豊かな造形物の噴水にすると効果的です。

このようにドラマや映画のシーンにおける噴水の選択は、視聴者をとりこむための有力な手段になります。

じつは、これはドラマの演出に限ったことではありません。噴水を見ていたら癒されたという経験をされ

た方は多いでしょう。

たとえば、とっても腹が立って興奮したときや、考えすぎて頭がパンクしそうだったときに静かに水が噴き出している噴水を眺めていたら、気分が落ち着いて冷静に自分のことを考えられるようになったという経験をされたことがあるでしょう。

逆に落ち込むような出来事があって、気持ちを表に出せない憂鬱な気分になっていたけど、あふれんばかりに水を噴き出す活動的な噴水を眺めていたら、自分の感情に意識が向くようになって、素直な気持ちを表わせるようになったということもあるでしょう。

このような影響を噴水から受けるのはなぜでしょうか？　きっと、噴水が人に優しいものだからです。人はそんな噴水を必要としているからです。だから私たちは、気づかないうちに噴水に魅かれていくのです。

噴水の定義

噴水とは、文字どおり噴き出される水そのものを意味します。また、池や湖、貯水池などの水質浄化を目的として設置された、水を噴き出す装置も噴水といいます。しかし、一般的に噴水といえば、景観の美化や癒しを目的として、公園やイベント広場、街を彩る噴水でしょう。

この場合の噴水にはいろいろあり、単純に上方向に水が噴き出しているとは限りません。噴水口の向きによって、斜めや横、下へと噴き出されるものもあります。

さらに、一方向に一定の量が噴き出されているものもあれば、噴出口が可動式で向きを変えるもの、噴き出す強さを変えられるものなど、さまざまな形状が存在しています。

ちなみに、国によっては自然の湧き水や間欠泉、水飲み場の蛇口も噴水ということがあります。以前、「ファウンテン（噴水）はどこ？」と尋ねて、教えられたところにあるのが井戸だったということもありました。このように、噴水と一口にいっても人の認識の仕方によってさまざまです。意味や用途、噴き出し方や方向によって、また国によっても噴水と考えるかどうかの判断は分かれてくるのです。

水が流れているだけの流水だったり、放たれているだけの放水だったり、水をまくこと、浴びさせることが目的の散水だったりすることもあります。噴き出すというよりにじみ出ているような湧水が噴水と呼ばれていることもあります。

本書では、景観美化や癒しなどを目的としてつくられたと思われる造作物を「噴水」として紹介しています。

噴水クロニクル

小便小僧は、ベルギーの首都ブリュッセルを起源として多くの場所に設置されています。シンガポールにある有名なマーライオンは、ライオンの口から水が噴き出されています。これらが噴水なのかどうか、よく議論されます。答えがあるわけではありませんが、噴

水といえるかどうか考えながら眺めて見るのも楽しいものですよ。

一説によると、小便小僧が制作されたのは1619年ころ。噴水はそれよりもずっと昔からありました。なんと、古代メソポタミア文明の遺跡で噴水らしき跡が発見されています。

また古代ギリシアでは、泉を利用して噴水がつくられています。それをもとに、現在私たちが目にする庭園や広場を彩る噴水がつくられるようになっていったといわれています。

いずれにしても、今も昔も人々は噴き出される水に不思議な魅力を感じていたのでしょう。

日本の噴水の歴史には諸説ありますが、1861年につくられた金沢の兼六園の噴水が最古とされています。動力は使わず、高い位置にある池の水面との高低差を利用した水圧で噴き上がるようになっています。

紀元前時代のアレクサンドリアに住む古代ギリシア人で数学者ヘロンは、ホースを利用して水槽からバケツに水を抜いたり入れたりするメカニズム、サイフォンの原理を応用して噴水を考えだしたといわれています。それがヘロンの噴水といわれる水力装置です。このサイフォンの原理が、金沢の兼六園の噴水にも使われています。

装飾噴水としては、1878年ころにつくられたといわれる長崎公園の噴水がもっとも古いとされています。また、1903年につくられた日比谷公園の洋式噴水も古い噴水として有名です。

本格的な噴水は明治時代の博覧会で登場し、高度成長期以降、私たちに馴染みのある公園などに噴水が数多くつくられるようになりました。

ユニークな噴水たち

噴水の特徴は、やはり水が噴き上がることです。その仕組みには、水の落差を利用して水を噴きあげる様式のものもありますが、今、多く稼働しているのは、モーターなどの動力とポンプによって噴き上げられるものです。

ノズルやポンプなどの工夫、また、その形の組み合わせが数多くのさまざまな噴水たちの表情を生み出し、私たちを楽しませてくれます。仕組みや形式を知る楽

しみもありますが、純粋に噴水を楽しむのであれば、何型かを知ることより、噴き出す水に何を感じるかに関心を向けたほうがいいでしょう。

　噴き出す水の種類としては、まず、透明な水がまっすぐに上に向かって直線的に伸びる形状のものがあります。高さは数10センチから100メートルを超えるものまであり、日本で有名なのは月山湖大噴水（山形県）。112メートルの高さまで水が噴き出されています。

　世界を見れば、アラブ首長国連邦にあるドバイファウンテンが圧巻。その高さ150メートルは、50階建のビルの高さに相当します。目の前には世界一高い828メートルの超高層ビル、ブルジュ・ハリファがあり、その展望台からは噴水を上から眺めることができます。素晴らしく胸に迫る光景で、宇宙からも光の点として確認できるそうです。

　しかし、まだまだ高い噴水があります。世界一は、サウジアラビアのキングファハドの噴水。なんと海面から260メートルもの高さまで水が噴き上げられています。

　また、まっすぐのびる噴水の透明な水を、白く見えるようにした噴水もあります。きめ細かい気泡ができるよう細工をするのです。この特徴を活かして、現在では噴水のイルミネーションショーが各地で数多く行なわれています。光で噴水を彩る際に、透明の水よりも白い水のほうが色づきがよく鮮明に見えるため、イルミネーションに適しているからです。とくに遠くから見るほど、白色の水の鮮やかさが際立ちます。

　同じように白く見えるものには、数10センチから1メートルくらいの高さの、白い炎のような噴水があります。空気を巻き込んで噴き上げる伝統的な噴水で、とても馴染み深いものです。

　他にも特徴的な噴水をいくつか紹介しましょう。

　そのひとつが、シャボン玉を大きくしたような40、50センチくらいの膜状の噴水です。ショッピングセンターや飲食店などの商業施設内でよく見かけますが、その理由のひとつは風が強いとその形状が壊れてしまうからです。「♪か〜ぜ、風、吹くな♪……」というメロディが浮かんできて、シャボン玉がふわふわと宙を漂っているようにも見える優しく軽やかな噴水は、見る人の心を和ませてくれます。

　水が水面から浮き上がって平らに広がった膜状の噴水もあります。凹凸のない穏やかな形状を見せるために、斜めに傾けて噴き出されていることが多く、数10センチから数メートルまである、たいへんなめらかな噴水です。その質感は見るからに気持ち良さそうで、一瞬、水であることを忘れて手をのばして触れたくなります。私は、この噴水に出会うと、いつもきしめんが頭に浮かびます。

　他にも、花がパッと大きく開いたような逆円錐形の噴水もあります。たとえていうなら、夏の暑い日差しの中で開花するアサガオの花のようです。大きさは40、50センチから1、2メートルくらいまであって、花というには大きすぎる感もありますが、水による造花と表現したくなります。

　なかには、有名な蔵王山の樹氷を思わせる噴水もあります。樹氷は、冷やされた水滴が樹木に吹きつけられて凍ったもので、日中の光を浴びた姿、夕日に染め

られた姿、また月明かりに照らされた姿など、趣きの異なる造形美が見る人を楽しませてくれますが、力強く噴き出された高さ5メートル前後の水が、樹氷の白く美しい繊維状の雰囲気を見事に表現し、本来なら冬にしか見られない幻想的な絶景を出現させているのです。

このように、じつにさまざまな種類の噴水があるなかで、私の好きな噴水といえば、大いに迷うところではありますが、あえて挙げてみます。

たくさんの噴き出し口の一つひとつから膜状の水を出す、球体の可愛らしい噴水。直径数10センチから4、5メートルくらいのものまであります。孔雀が羽を広げた姿を連想させることから、一般的にはピーコック型と呼ばれていますが、私はそれを「綿毛の噴水」と呼んでいます。春に咲いたタンポポは、しぼむとやがて風に乗ってフワフワと空に舞い上がる綿毛になります。このタンポポの綿毛のように見える噴水だからです。

ひとつの噴き出し口から水が出る様子は綿毛の一本と酷似しています。それがたくさん集まり、噴き出し口が放射状に広がる立体的な構造は、まさしくタンポポの綿毛のようなのです。幼いころに息を吹きかけて、遠くへ飛ばしたことがある人は多いでしょう。その儚げな姿に美しさを感じる不思議な噴水です。

そうそう、飛び跳ねるものといえば何を思い浮かべますか。ウサギ？　バッタ？　トランポリン？　私は水の塊が飛び跳ねているように見える噴水を思い浮かべます。こちらも私が好きな噴水のひとつで、水がジャンプしながら空中を飛び交うその様子から「ジャンピング噴水」ともいわれています。

最初の出会いは1990年代の後半、シンガポールのホテルにあるショッピングモールの広場でした。初めて見かけたとき、無重力状態の宇宙船の中を漂っているような水塊が、なぜか四方八方に飛び散ることなく、空中を美しく跳ね回る姿にしばし見入ってしまいました。

周囲を行き交う多くの人も足を止め、子どものような無邪気な表情で見入っていたことを覚えています。噴き出される水が、あるときは球状に、またあるときは棒状にまとまる姿は、無色透明のガラスのよう。昔懐かしいビー玉やおはじきを大きくしたような面白い噴水です。

バラエティ豊かな世界観

噴水の種類はまだまだあります。たとえば、水を細かい粒子にして拡散させている霧の噴水。白い幕に覆われているような状況になるので、濃密な靄のようであり、雲のようでもあります。西遊記に出てくる筋斗雲に乗っているみたい、といったら大袈裟でしょうが、その神秘的な雰囲気に引きこまれてしまいます。中に何かがありそうで思わず入ってみると、霧状ゆえに身体が濡れるという感覚はあまりありません。それでいながら、何かに包まれている繊細な感覚が自分という存在との強い一体感を感じさせてくれます。

風が強いと雲が散るかのようにその形をなくしてしまいますが、風に散っていくその様子もまた美しい噴

水です。子どものころ、夏の暑い日に打ち水をするとその場所が涼しくなったことを覚えていますか。現在この噴水には、景観的な目的だけではなく、深刻な暑さ対策のひとつとして、打ち水と同様の冷却効果が求められています。

暑さ対策といえば、水が壁や窓ガラスをつたうように流れ落ちる壁泉といわれる噴水があります。壁面に表われ出る波型の模様は繊細で美しく、水の質感が感じられます。ただただ見ていたら、波がゆるやかに寄せては返す穏やかな様子を謳った与謝蕪村の「春の海 ひねもすのたり のたりかな」という句が思い出されたことがありました。それは、この噴水が静かでのんびりと落ち着かせてくれるからでしょう。

最近では、霧の噴水同様に涼も与えてくれることから、屋外だけではなく屋内でもよく見かけるようになりました。

設置場所もさまざまで、一般家庭の室内を装う卓上サイズの小さなものから、公の場所でたくさんの人の目をひきつける大きなものまであります。それぞれシンボリックな存在として景観に添えられています。

最近では、音楽に合わせて水が空高く舞う噴水もよく見かけます。いわゆる、噴水ショーと呼ばれるものです。スピーカーから流れるBGMに応じて、水の高さや水量等、力強さのパターンを変え、右に揺れたり、左に倒れたり、ときには円を描くなどの芸術的な動きを見せます。まるで水が踊っているかのようです。

なかでも、ラスベガスのベラージオホテルの前で演じられる水のショーは、多くの人が鑑賞に訪れるもっとも有名な音楽噴水のひとつ。音楽に加えて、夜はライトが噴水を照らし、光と音の連動による幻想的な顔で魅せます。

他にも、子どもたちの水遊び場の地面から噴き出される噴水や、噴き出される水を集合的に使って言葉や絵柄、時計の数字を表現している噴水など、水を噴き出す仕掛けの表現力は非常にバラエティ豊かです。

以前、噴水工と呼ばれる方に話を伺ったことがあります。有名な噴水の修理や、飛沫の形と水量の調節を行なう技術者です。さまざまな噴水の演出を生み出す作業でいちばん注意されていることは何かをお聞きしたところ、「水の一粒一粒の動きや音に想いをはせること」だと話してくださったことがとても印象的でした。

だからこそ、自然に逆らったような人工的な一連の流れのなかでも、どこか自然を感じさせ、私たちに寄り添ってくれるような心地良さがあるのでしょうね。

風景に溶け込む噴水

水は通常匂いがなく、無色透明で、しかもはっきりとした味がないので、これといった特徴がないのかもしれません。しかし、噴水の水に限らず、雨の水、海の水、川の水、そして飲み水など、水は私たち人間にとってとても身近にある必要不可欠なものであり、生命の誕生まで考えると絶対的な存在感があります。

その水には、目に見えない波動があるのだと思います。理由はわからなくても、水のある環境では心や身体が安らぐという人が多いはず。それも波動によるも

のだと思われます。

　ただし、どこでも水があれば良い波動を感じられるかというと、そうではありません。たとえば、交差点で長い信号待ちをしているときに、私はこんなことを考えることがあります。「この交差点の中央に噴水があったら、待ち時間もそれほど苦にならないなぁ」
　しかし、交差点中央のマンホールから、大雨の影響で大量の水が噴き出していたとしたらどうでしょう。一瞬、その光景に目は奪われますが、その後すぐにとても心配になってしまいます。また、大雨で氾濫した川の大量の水と、その流れの勢いに見入ってしまうこともありますが、やはり、一瞬ひきつけられた後に襲ってくるのは恐怖でしょう。
　私たちにとって親近感のある水であっても、コントロールできない状態になれば、不安で不快なもの、恐ろしいものになってしまうのです。
　噴水の水は、精密な機械が制御していますし、造形物の形状によってもコントロールされているといえます。だからこそ安心でき、水の存在に癒しや魅力を感じるのです。そう考えると、噴水は自然と人工物との融合物といえます。噴水を見て感じる癒しは、その融合物による恩恵といえるでしょう。
　ところが、噴水を見ても何となく疲れる、いらいらすることがありませんか？気に触るような造形物でもないし、水が襲ってくるわけでもない。それなのに不快に感じられる噴水はあります。それは、まるでその場にあるものや行き交う人のエネルギーを吸いとってしまうような印象の噴水です。

　このような噴水に出会うと、もう二度と見たくないと思うでしょう。その場合はその近くを通らなければいいだけのことですが、どうしても通らなければならない場所にある場合は困ってしまいますよね。
　癒しの効果があるはずの噴水なのに、ある噴水を不快に感じてしまうのはどうしてでしょうか。理由のひとつは、その場の雰囲気や街並みに合っていないことが考えられます。たとえば、「空いているスペースに」「新しくつくられるビルの広場に」「あの公園に」「イベント会場に」と、噴水が簡単に設置されがちです。
　噴水そのものはどんなに素敵で魅力的で楽しませるものであっても、その場の雰囲気や街並みに合っていなければ、違和感や不快感を抱かせてしまうこともあるのです。
　大切なのは、そこにある風景とマッチしているかどうかです。さまざまなところで噴水を見かけますが、いつの間にかなくなる噴水も少なくありません。いちばんの理由は、その場の風景にマッチしていなかったからでしょう。
　どんなに立派で最新の噴水であっても、設置される環境にマッチしていなければ、やがて淘汰されてしまいます。噴水が街の一部として感じられなければ当然の結果です。
　逆に、立派ではなくても、最新の噴水でなくても、その場の風景に合っている噴水ならば、多くの人を癒し続けることができます。噴水が街の一部になり、何にも変えがたい心地よさをもたらしてくれるのです。

噴水がもたらすもの

　世界の噴水を訪ね歩いていますと、噴水のある空間はどこでも、憩いの場や心身をリラックスさせる癒しの場として親しまれています。たとえば、最近流行りの噴水イルミネーションショーは、青系の水の光が気分を爽やかにし、赤系の水の光が穏やかな気分にさせます。色彩やリズムが快適な心理効果をもたらしているのです。

　噴水が環境改善に利用されていることもあります。たとえば、貯水池や水堀では親水性や景観の向上のほかに、噴水から噴き出す水が水面に落ちることによる水温低下を水質の浄化として利用しています。最近では大都市のヒートアイランド現象が問題になっていますが、噴水は見た目に涼しいだけではなく、熱を抑える効果もあることから、緩和対策のひとつとして注目されています。

　実際、建物の壁を流れ落ちる壁泉型の噴水や、霧状型の噴水などを見かけることが多くなりました。地球温暖化対策のひとつとしても、噴水への注目は高まってくるだろうと思われます。

　今、社会の発展に伴って人間関係が希薄になっているといわれています。人々の間の生き生きとした感情的な交流が失われてきているからだと思います。噴水は、情緒を育み、そこにいると人と人が互いの感情を感じやすくしてくれます。噴水はそんな効果ももたらしてくれるのです。

　ペットのことを思って涙を流す人がいます。特定の食べ物のことを考えて胸を詰まらせる人もいます。私は噴水を見ると心が震えます。噴水がなくなると、まるで人を亡くすような悲しい気持ちにもなります。

　興味のない人からすれば、おかしいと思うかもしれませんが、興味や関心、思い入れを強くもてるものがあるということは、感情をもつひとりの人間として、とても素晴らしいことだと思います。胸がつまること、涙することは人間であれば当然の感覚のように思います。

　このような感覚をなくさないためにも、私たちの身近に噴水があることは大切なのです。噴水のある街並みが必要なのです。

ぴったり感が癒しのもと

　現代社会を生きる私たちにストレスはつきものですが、ストレスフルな生活が続くと身も心も疲弊してしまいます。あなたのストレス解消法はなんですか？好きなものを食べて満足したり、動物と触れ合ってリラックスしたり、風景を見て落ち着いたり、寝ることでゆっくり休んだり、お風呂に入って身も心も洗い流したりと、いろんな方法で心身を癒しているでしょう。じつは、この癒しは自分自身の感覚とぴったり合ったときに得られる効果です。その「ぴったり感」を強く感じさせてくれるのが噴水なのです。

　噴水には、私たち人間がもつ視覚、聴覚、体感覚のいずれの感覚にも働きかけてきます。その刺激によって得られる噴水の癒し効果について、もう少しお話しします。

　私たちは、具体的には以下の3つの視点から癒しを感じとっていきます。

　ひとつめは、水のある美しい風景に目を奪われる「見る水」

　ふたつめは、水の音に心音を委ねる「聞く水」

　みっつめは、水の冷たさや匂いに包まれる「触れる水」

　水には、飲むことによってリラックスする鎮静作用や、水分補給による体調管理の効果などがありますが、噴水の水を見たり、噴水の音を聞いたり、噴水の水に触れたりすることからもたくさんの効果が得られます。そう考えると、人間にとって水というものは、私たちが考えている以上に奥深いものだといえるでしょう。

見る水に癒される

　近くにある噴水を、散歩を兼ねて見にいくことはありませんか？　遠くでも、お気に入りの噴水なら出かけて行くかもしれません。それは、噴水という水のある風景を眺めることで、安らぎや心地良さといった癒しが感じられるからです。

　何気なく歩いているときに、噴水のある風景が自然に視界に入ってくることがあります。チラッと見ただけで一瞬足が止まってしまうのは、私たちが噴水の癒し効果を視覚から取り入れているからです。

　そういう噴水は、見せ方が非常に巧みです。世界の噴水を訪ね歩いていると、視覚からの癒し効果がすごい噴水にたくさん出会います。たとえば、周囲の景観に合わせてつくられている噴水には一体感を感じることでしょう。同じ景観でも噴水の種類や噴き出される水の大きさ、噴き出す造形物の形や大きさによって、印象は大きく変わります。また、噴き出される水と造形物のどちらを強く主張するかでも、見え方がまったく異なってきます。

　バランスでいえば、噴水には左右対称のイメージがあるでしょう。歪みやズレを感じさせない左右対称の噴水は、美しさを感じさせ、安心や安定を覚えさせるものです。

　この心理状態をシンメトリー効果といいます。噴水に限らず、人はこのシンメトリーから得られる効果に好感をもつといわれます。意図的に左右対称の噴水をつくりだすことは、全般的な好感度を高めるのに役立ちます。

　最近流行りの噴水イルミネーションでは、光のあたり具合や色彩によって、噴水を近くに感じさせたり、遠くに感じさせたりします。空間を広く見せたり、狭く見せたりすることもできます。実際、暖色系は噴水を近くに、寒色系は噴水を遠くに見せる効果があるので、演出や目的によって使い分けられていることもしばしばあります。

　このように、造形物や水自体の見せ方の工夫によって、噴水の一つひとつは唯一無二のものとなり、見る人それぞれの心に届いていきます。じっと見つめていると、まるで人生の縮図のように思えてきます。人にもそれぞれの人生があり、工夫の仕方次第で一層光り輝くこともできます。そんな共通点を噴水に感じられ

るからなのだと思います。

　噴水に出会ったら、しばらくの間、目をこらして見つめてみませんか？

　その噴水の前に立てなくても、心の中でその姿を思いうかべてみませんか？

　きっと、より身近に噴水を感じられることでしょう。もしかしたら、あなたの人生を振り返る良い機会になるかもしれません。このような噴水の見方も、また癒されるものですよ。

聞く水に癒される

　外を歩いていると、日常的に聞き慣れている音とは異なる音が、どこからともなく聞こえてくることがありませんか？　通りの向こうや、建物や人混みの見えないところからかもしれません。音の大小や高低はそれぞれですが、風の音や、風が通った後の木葉のざわめきのように、いつまでも心地よく聞いていられる音色に出会うことがあります。

　なかでも水の音は格別です。川のせせらぎ、雨の音や波の音、人工的なものでは水琴窟、噴水から噴き出される水の音などに耳を傾けるのは、その色に懐かしさや安らぎといった癒しが感じられるからです。

　もちろん、音の好みには個人差があるでしょう。しかし、水の音を耳にして、どこから聞こえてくるのだろうと、つい辺りを見回してしまうのは、水の癒し効果を聴覚で感じとっているからです。

　私たちは、見えない音、つまり空気を通して伝わる揺れを感じて良い気分を味わうことがよくあります。音楽はその代表例です。音楽は聴覚への刺激によって脳に働きかけ、不眠やストレスなど心身にさまざまな効果を生むことは科学的にも証明されています。水の音にも同じような効果が期待できるのです。

　水を飲む、水で洗う、水をかける。雨が降る。このとき耳にする水の音は、日常生活にある音の中でもとくに馴染み深い音です。水と水とが触れ合う「ピチャピチャ」「パシッパシッ」というまろやかでやわらかい音、地面やいろいろな物に水がぶつかったときの「パンッパンッ」「パチパチ」「バチャバチャ」という程よく刺激的な音……。その音色を聞いていると、ストレスの防止や解消に役立ちます。

　ランダムなリズムになりがちな水の自然音には、心地の良さを感じる揺らぎがあります。それを聞くだけで人の心が癒され、リラックスできることもわかっています。噴水の多くは人の手が加わった人工物ではありますが、噴き出す水がつくりだすリズムのある音は、ほとんど自然音といえるでしょう。

　水の音には癒し効果のほかにも、人の話し声や心地良くない音を遮断させるマスキング効果があります。考えや気持ちを整理したいとき、ひとりでいたいときなどに、水の音で自分だけの自然な空間をつくりだすことができるのです。

　また、いろんな種類の水の音を組み合わせることで、周囲の雰囲気を華やかにしたり、落ちついたものにしたりする効果も期待できます。

　このような水の音を自分の気持ちに合わせて選択す

れば、望む気分を手に入れることにもつながります。噴水のあるショッピングモールでのこと。ひとりのお客様が「水の音がうるさい」と、耳を両手で塞ぎながら建物の中に入って、窓ガラス越しに噴水を見ていました。私にはそれがとても勿体なく思えました。それは聴覚に馴染みやすい水の音は私たちを癒してくれるものだからです。

　もしも今あなたが、ストレスなどによって心身に不調があるならば、しばらくの間、自分にぴったりくる噴水の傍らで水の音に静かに耳を傾けるといいかもしれませんよ。

　私たち人間は昔から、目に見える事実だけではなく、音からもいろんな情報を感じとってきました。生活するうえで、そうした音で判断しなければならないことも多かったのです。

　聞くことは、日常生活に必要な感覚のひとつです。耳を澄まして水の音、噴水の音に耳を傾けてみるのもいいですよ。きっと疲れた心身に癒しを得られることでしょう。

　ときに、水が止まっている噴水に出会うことがあります。もちろん水の音はしませんが、そのような時は、無音を楽しんでみるといいですよ。きっと、あなたの心音を強く感じることでしょう。

触れる水に癒される

　滝や川のそばを歩いていたら、なぜか心が和らいだということはありませんか？　それは、滝から落ちる水や川を流れる水が岩や水面に衝突してできた水しぶきや、水と水とがぶつかり合って発生した大量の水霧に身体が触れているから。滝が人気の観光地になるのは、見事な景観に加えて、水に触れる心地よさがあるからでしょう。

　噴水の近くでも、同じように心が和らぎます。それは、私たちが噴水の癒し効果を体感覚からも取り入れているからです。

　人は、噴水を見ることや、聞くことからだけでなく、触れることからも癒しを感じることができます。私たちは、この世に生まれ、母親の肌に触れる、触れられる経験を通しながら育っていきます。心配事や困ったことがあると頭を抱えたりして自分の身体に触れます。お腹が痛くなったとき手でお腹をさすると、緊張や不安が和らいだりします。触れること、触れられることで心が落ちつくのだと思います。

　噴水の水に触れることにもまた、私たちの精神を安定させる働きがあります。

　ひとつは、触れること自体が気持ち良いからです。水が身体に直接触れると、まるで身体が水を飲み込んでいるような心地の良い爽快感を得られます。

　もうひとつ、水に間接的に触れることによっても、特別な気分がもたらされることがあります。噴水から噴き出る水によってつくりだされる風や空気感、匂いなどを感じるからです。

　本来、水自体には顕著な匂いはなく、無臭といってもいいのかもしれません。でも、噴水の周囲を流れる空気を巻きこんだ水には匂いがあるのです。雨が降る

前や降った後に感じる独特な匂いのようなもので、どこか懐かしい気分にさせてくれます。

このように、噴水には直接、間接に水に触れることで得られる癒し効果があるのです。

私たちは顔を洗ったり、お風呂に入ったりするなど、日常生活において水に触れることは少なくありませんが、小さい頃は水が苦手な子どももいます。嫌がる子どもを水に慣れさせようと、水をかけたりするのは良い方法とはいえません。それでは水に対してよけいに抵抗感を生んでしまいます。

大切なのは、水が気持ち良いものだということを感じさせること。その意味では、噴水の水に触れることは、知らずしらずのうちに水が気持ち良いことを教えてくれます。水と触れる楽しさが、心地よさへとつながるからです。

今度噴水に出会ったら、目を閉じて、身体全体で噴き出る水に触れてみませんか。優しく包まれるその感覚に、身も心も楽になっていくことを感じることでしょう。

人と水の触れ合いがもたらすもの

噴水は、私たちの視覚、聴覚、体感覚に働きかけてさまざまな癒し効果を発揮するとお話しましたが、五感のどれかひとつに効果を発揮するのではなく、五感にトータルにバランスよく働きかけることで、癒し効果を生み出しています。

噴水の造形物と噴き出す水。造形物に寄り添う水の色と水の音、そこに漂う雰囲気。それらが絶妙のバランスで結びついて、私たちの五感すべてに働きかけ、無意識のうちに癒してくれるのです。

ある川沿いの公園に噴水鑑賞に行ったところ、水が噴き出していなかったことがあります。管理者に聞くと、噴水の横を通ると川の方からの風で噴水の水が飛ばされてきて服が濡れてしまうという苦情があったため、長いこと水を出していないとのこと。とても残念に感じたのを覚えています。

憩いを楽しむ目的のために整備された場所の中心にある噴水が、まったく機能していないのです。それはまるで、気持ちを表現することができなくなった人がひとりポツンとベンチに座っているようでした。

たしかに、濡れたら困る人、濡れるのが嫌な人はいるでしょう。避けて通ればよいのかもしれませんが、その場所を通らなくてはならない事情があるとしたら？ 大事なのは触れる水に限らず、ある人にとっては快いものでも、ある人にとっては不快なものになるということです。その事実を忘れてはなりません。

では、癒し効果の大きい噴水が再び水を噴き出すためには、どうしたらいいのでしょう？ 明確な答えはありませんが、なによりも大切なのは、噴水のもつさまざまな効果を少しでも多くの人に知ってもらうことだと思っています。噴水に対して不快に感じる人が減り、それ以上に噴水によって気持ちを和らげる人が増えれば、これ以上幸いなことはないでしょう。

2. 世界の噴水あれこれ

噴水で世界めぐり

　噴水と聞いて、思い浮かべる噴水はありますか？

　世界は大陸で区分すると、アジア州、アフリカ州、オセアニア州、北アメリカ州、南アメリカ州、ヨーロッパ州と大きく6つの州に分けられます。そのどこにも、さまざまな噴水が数多くあります。

　お国柄や地域の特色によって特徴は異なりますが、大陸ごとにも大きな傾向があることも非常に興味深いです。水と造形物という単純な組合せなので、一見似ているように見えても、設置場所や背景は同じではないため、それぞれが唯一無二の存在感を醸し出しています。

　それにしても、どうしてこんなにたくさんの種類の噴水があるのでしょうか。きっとそれぞれ、そこに存在する意味があるからでしょう。そのような視点で見ると、それぞれの噴水には固有の表情があり、伝わってくるイメージも異なり、受け取るメッセージも違ってくるのです。

　私はこれまでに世界の六大州を巡って、数多くの噴水を40年近く見てきました。狭い路地裏にある小さな噴水も含めて。それでも、まだほんの一握りしか見ていません。

　世界にはまだまだ知らない噴水があって、多くの国で街を歩けば新しい噴水に出会えると思いますが、私がこれまで出会った噴水のなかで、とくに印象深いものを六大州ごとに整理して紹介したいと思います。

【アフリカ】

◎アフリカを代表する噴水たち

　アフリカでは噴水に出会うことのない国も多いのですが、南アフリカやモロッコなどでは噴水を見ることができます。とくにモロッコでは美しい噴水を数多く目にします。

　なかでも印象的なのは、ゼリージュと呼ばれるモロッコのモザイクタイル柄の噴水です。モロッコでは昔からキッチンや玄関の床や壁などにタイルが使用されています。このモロッコ伝統のタイルが用いられている色鮮やかな噴水は、周囲の景色と見事に調和しています。

　港町カサブランカの観光名所、ハッサン2世モスクやマラケシュのクトゥビアモスク前の公園などで噴水を見かけます。建造物を彩る装飾的な効果も大きく、生活と密接しています。

　ゆっくり噴水と向き合いたいのであれば、うってつけの場所があります。リヤドは古い邸宅を改装したモ

ロッコの伝統的な宿。中庭を取り囲むように部屋が設けられているのが特徴で、その中庭の中心には、人の大きさほどの名もないリアージュが置かれていることが少なくありません（56ページ参照）。

　絵画を鑑賞するとき、遠くから見たり、どのように色が塗り重ねられているのか近くで見たりすることはありませんか。リヤドでの噴水の楽しみ方も同様です。中庭で食事をしながら近くから噴水を見ると立体的な美しさが楽しめます。部屋のある上階からの眺めは美しい絵のようで、想像力が掻き立てられます。

　ゼリージュの設けられたリヤドの中庭は、まるで美術館の中にいるような居心地のいい空間です。一度宿泊してみてはいかがでしょう。

　そんなモロッコの噴水で一つ紹介するとすればマラケシュのマジョレル庭園の噴水です。安心と希望を与えてくれるオアシスのような噴水です。

◎まだまだあるアフリカの噴水たち

【アルジェリア】

・シェルシェルの広場の噴水：周囲の建物と木々という風景を凝縮させたような古代のローマ風の噴水
・オランのplace des victoiresの噴水：街の風景との一体感が歴史を感じさせる重厚感のある噴水

【ナイジェリア】

・アブジャのミレニアムパークの噴水：主張せず、あくまで公園のひとつの要素になっているシンプルな噴水

【南アフリカ】

・ツワネの市庁舎前の噴水：市庁舎や時計台の音色に添えられているような控えめな噴水
・ケープタウンの駅近くの広場の噴水：ビル、木々、車、道という街の中心に咲いた大きな花のような噴水

【ヨーロッパ】

◎ヨーロッパを代表する噴水たち

　ヨーロッパでは、多くの国でさまざまな噴水に出会うことができます。芸術性あふれる彫刻に彩られた噴水は特徴的で、彫刻物を見るだけでも一見の価値があるでしょう。

　とくにスイスのベルンやイタリアのローマの街は、歴史的な街並みと噴水が融合していて、数多くの噴水が点在しています。

　なかでも絵に描いたような美しい街ベルンでは、100以上ともいわれる噴水たちが街のあちらこちらで見られます。旧市街で目にする11基の噴水は、１本の柱と、柱の下から噴き出す水を受けとる水盤のある、構造的にはシンプルなもの。けれど柱の上には、それぞれに意味のこめられたメルヘンチックな彫刻が施されています（110ページ参照）。

　11基の噴水はそれぞれ「アンナ・ザイラーの噴水」「バグパイプ吹きの噴水」「サムソンの噴水」「子供喰い鬼の噴水」「射撃手の噴水」「ツェーリンゲンの噴水」「モーゼの噴水」「正義の女神の噴水」「伝令の噴水」「旗

手の噴水」「リフリの噴水」と呼ばれていて、どれも表情豊かです。ちょっと怖いものもありますが、物語を感じさせるユニークな意匠が華やかに街を彩っています。

湧き水の豊富なベルンでは水の供給源として利用されている噴水も多いことから、水を飲んだり汲んだりする人々の姿も垣間見られ、噴水が人々の生活と密接につながっていることをうかがい知ることができます。まさに、噴水が街の一部として存在感を醸し出しているのです。

ベルンから電車で1時間程移動したスイスのバーゼルには、ジャン・ティンゲリーによって市立劇場前庭の水場の中に作られた10基の機械式噴水があります（32ページ参照）。

それぞれの彫刻には「劇場の顔」「糸紡ぎ」「グラグラ」などと名前が付けられていて、電気によって動きます。それぞれの形状は、典型的な10種類の水遊びを表わしています。一つひとつの機械音と水音は歌声のようで、10基の噴水たちが一堂に美しいハーモニーを奏でています。

イタリアの芸術の街ローマにいたっては約5000もの噴水が。「ローマの噴水」という交響詩もあるように、街を歩けば噴水にあたるといっても過言ではありません。まさしく噴水の街であり、表現の街ともいえるでしょう。

郊外の住宅地内でも見かけることが少なくなく、古くは水源としての実用性が重視されていたため、飾りたてて人目をひく噴水ではありませんでした。今では多くの噴水の造形物が芸術性豊かで重厚な石の彫刻に生まれかわり、訪れる人々を魅了しています。

常に新しい感動を味わうことのできる噴水巡りを思う存分に楽しめば、躍動的な噴水の数々に思わず見惚れてしまうことでしょう。

見惚れてしまうといえば、ローマの中にある世界最小国家バチカン市国のサン・ピエトロ広場にある2つの噴水です（68ページ参照）。その迫力と神々しい雰囲気に思わず見惚れてしまい、広場の片隅の地べたに座り込んで、しばし動けなくなるほどでした。

ヨーロッパには数多くの宮殿が現存していますが、豪華絢爛な宮殿や優雅な庭園における噴水も特徴的です。たとえばスペインのグラナダにあるアルハンブラ宮殿にはライオンの噴水が。マドリードのシベレス宮殿前の噴水は、古代ローマの女神キュベレを表わしています。フランスはパリ南西、ベルサイユにあるベルサイユ宮殿の噴水庭園はもっとも有名です。

オーストリアはザルツブルクのヘルブルン宮殿では、椅子の座面や飾られている鹿の角から水が噴き出されるなど、一風変わった大小様々な仕掛け噴水が訪れる人々を楽しませています。

個人的な印象として、世界でいちばん優しく親切な人に出会うことの多いザルツブルク。お茶目でいたずらなガイドによる案内で、庭のあちこちにある噴水を巡るのはとても楽しいことです。ただし、説明に集中していたりすると、突然噴き出し口が自分に向いて水を浴びさせられることも！　油断も隙もありません。いつ水が飛んでくるかわからないのでメモも取れず、写

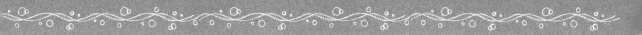

真を撮るのもひと苦労です。

　他にも、ロシアのサンクトペテルブルクにはピョートル大帝のペテルゴフ宮殿があります。ロシアのベルサイユとも呼ばれ、趣向を凝らした噴水が庭園の中に150以上もあります。

　ベンチに座ろうとすると足元の石畳から水が噴き出す噴水。傘型の噴水の中に座っていると水が滝のように落ちてきて傘の中から出られなくなる噴水など、夏の時期にしか見られない噴水たちは、ユニークなものから、彫刻や噴き出す水の形状の美しいものなどバラエティ豊か。噴水の内部を見られるツアーもあるので、多種多様な噴水たちの、いろいろな姿を堪能することができます。

　なかでも人気を集めているのは宮殿正面の噴水。ショーの時間には見物客でごった返しています。けれど私がいちばん好きなのは、宮殿ならではの庭からのアプローチが素敵な静けさの中にある噴水たち。

　アプローチの遠く先にある小さいながらも光輝く噴水は、私たちに未来への希望を感じさせてくれているように思えます。光の輝きは近づくごとに大きくなり、同時に期待も膨らんでいきます。そして噴水を目の前にしたとき、希望がかなって達成感に包まれるような感覚を得ることができるのです。

　かつて宮殿にある噴水の多くは、自然をコントロールして水なき地に水をひいたり、水を重力に逆らって下から上に噴き出させるシステムによって成り立っていました。それが自然をも従わせる力として、国王の権力の誇示につながっていたといわれます。国の繁栄の願いや期待など、少なからず国王の民への何らかの意図が反映されている噴水であることは間違いないでしょう。

　こうした力強いメッセージの感じられる宮殿の噴水も必見です。

◎まだまだあるヨーロッパの噴水たち

【アイルランド】パワーズコート　トリトン湖の噴水：美しい庭園の中にある一筋の水光。自然に生み出されたような噴水

【イギリス】ロンドン　トラファルガー広場の噴水：周囲に腰を下ろす人を包み込むようなメッセージ性の強い噴水

【エストニア】ラエコヤ広場のThe Kissing Students fountain：抱き合う二人の像へ水が噴き出され、愛する人を見守るような噴水

【オーストリア】モーツァルト広場の噴水：噴き出されるいく筋かの水から演奏が聴こえてくるような噴水

【オランダ】オランダ広場のビクトリア女王の噴水：中心の塔を打ちつける水音が、周囲に賑やかさを運んでいる噴水

【チェコ】オロモウツの噴水群：いくつもの異なる噴水に繋がりが感じられ、周囲に柔らかい空気が流れている噴水

【クロアチア】オノフリオ大噴水：ドーム状の周囲16面の顔の口から水が噴き出す、人間の存在感が感じられる噴水

【スロバキア】ネプチューンの噴水：世界に数あるネ

プチューン噴水の中でも、静けさと涼しさを運んでいる噴水

【デンマーク】ゲフィオンの噴水：流れだす水、噴き出す水の豊富さに力強さを感じられる噴水

【ドイツ】ハレのThe Gobel Fountain：モダンな造りの噴水を取り囲むクラッシックな彫刻像達とのコントラストが美しい芸術的な噴水

【ハンガリー】ジョルナイの噴水：四方向にある玉虫色の動物の頭と、口から噴き出される水が光の加減で色合いを変える妖艶な噴水

【フランス】コンコルド広場の噴水：華やかな造形物と噴き出す潤沢な水に、長い歴史の繁栄と衰退を色濃く感じさせる雅な噴水

【ブルガリア】プロヴディフ中央広場の噴水：造形物から噴き出す水というより、水から噴き出した造形物のようなモダンな噴水

【ベルギー】マルクト広場のブラボーの噴水：他に類を見ないこの地との一体感は、人は自然に生かされ存在していることを感じさせる噴水

【ポーランド】マルチメディア噴水公園：噴き出す水に近づけるような、造形物からの誘いを感じる噴水

【ポルトガル】ロシオ広場の噴水：周囲の木々や、建物と噴水の造形物との色合いの似つかわしさに調和を感じる噴水

【マルタ】トリトンの噴水：造形物からの意味、噴き出される水と造形物、噴水そのものと街並みにバランスを感じる噴水

【ルーマニア】ブカレストの真っ赤な噴水：噴水の水をイベントなどで赤くすることがあるが、水を血に、造形物を体に見立てることで、まさに人を感じる噴水

【リトアニア】カウナスの噴水：ユニークな水の動きとコミカルな造形物の表現がパフォーマンスをしている人のように見える噴水

【フィンランド】バルト海の乙女の噴水：地域の特徴を反映した魚などのモチーフが、陸地でありながら水辺の風景を感じさせる噴水

【ノルウェー】グスタフヴィーゲラン彫刻公園の噴水：人々の群像を表した造形物と、あふれ出す多量の水に、なにか胸がしめつけられる壮絶な噴水

【北アメリカ】

◎北アメリカを代表する噴水たち

北アメリカにはシンボリックな意味合いをもった、見た目以上にインパクトの感じられる噴水が数多くあります。私たちの感情にくり返し訴えかけてくるその迫力に、見る人の興味が尽きることはありません。

たとえば、インターネットで「アメリカ」「噴水」と検索すれば、いちばんに出てくるのがラスベガスのベラージオホテルの噴水でしょう（72ページ参照）。しかし、噴水目当てで訪れる人たちの心を摑んで離さない噴水は他にもたくさんあります。

シカゴにはクラウンファウンテン（18ページ参照）という、巨大な長方形の造形物に人の表情が映し出される噴水があります。ユニークなのは時折表情を変え、

また、ときには口元から水が噴き出されるのです。飽きない工夫が施されていて、子どもから大人まで楽しめる未来的な噴水のひとつといえます。

そこから5分程の場所に、幻想的な雰囲気が魅力のバッキンガム噴水があります。アメリカを、いえ、世界を代表する美しい噴水のひとつです。世界的にも最大規模のこの噴水は、水量がとてつもなく多く、大きな通りを挟んだ1ブロック先の通り辺りからでも、その姿の一部を見ることができます。

遠くにあるその姿が視界に入った途端、「おーい、ここだよ！」と言わんばかりの水音に引き寄せられ、近くに寄れば、まるで噴き出す水にのみ込まれてしまうような水勢で、見る人を圧倒します。その直後に私たちに迫ってくるのは、水の中に見える造形物が噴き出すすべての水を吸い込んでいくような様子です。見ている人の感性を追いかけるように強く刺激してきます。

ミシガン湖をバックに見せるきらめいた表情と、ビル群をバックに見せるどっしりとした表情。真逆の2つの表情もまた見る人を魅了してやまず、まさに「the fountain」といえる噴水です。

シカゴから飛行機で1時間30分ほどの所にあるカンザスシティも、ローマに次ぐ噴水の街として知られています。ユニオン駅前にある駅と雰囲気がぴったり合った噴水（22ページ参照）をはじめ、緑豊かな街中に200以上もの噴水があります。

とくに噴水が集中的に点在しているのが、カントリークラブプラザ周辺です。有名なJ.C.ニコルズ・メモリアル・ファウンテンなど、さほど広くない地域内のレストランやブティック前、交差点には、さまざまな種類の噴水が数多くあります。世界各国の特徴的な噴水が一堂に会しているようです。

これはまるでスイスで見た噴水のようだ、これはイタリアで見た噴水のようだ、これはロシア、これはモロッコ、これはモンゴルで見たような噴水のようだと、異なる感動が次から次へと押し寄せてくるのです。シカゴを訪れることがあれば、少しだけ足を延ばしてみてはいかがでしょうか。

目が奪われるほどエネルギーを発散させている噴水に出会ったのもアメリカです。ダラスのフォートワース空港からそう遠くない場所にその噴水はありました。

空港から目的の噴水に出会うために車を走らせて10数分。目的地と思われる場所には背の高いビルが立ち並び、一画は工事中であったため、そこに目的の噴水があるようには思えませんでした。しかし、工事現場に間違って車を乗り入れながらもビル沿いの道をゆっくり走らせていると、三方をビルに囲まれた右側の広場中央にある、何頭もの馬像の噴水（16ページ参照）が目に止まりました。

「これが、ラス・コリナスのムスタング噴水か」。噴水まで50m程手前の車中から見ても伝わるその躍動感に、感極まって涙が出たのを覚えています。そして次の瞬間、馬たちがどこかに走り去って、もう二度と見られなくなってしまうのではないかという衝動にかられました。私は車から飛び出すように降り、急いで馬のそばに向かいました。

近くに見る馬像たちは、四肢から噴き出る水によっ

て、まるで水をかきこみながら疾風の如く水辺を走り渡っている本物の馬たちのようです。折良く私以外は誰もいなかったため、この壮観な眺めを独り占めにしていると、いつまでも心の震えがおさまることはありませんでした。

◎まだまだある北アメリカの噴水たち

【アメリカ】ニューヨークのベセスダの噴水：目に映る造形物、水、背景、全ての調和から優しさの感じられる噴水

【カナダ】トロントの犬の噴水：多くの犬猫が噴水の作業に一役かっている姿を表わした、とても微笑ましい気持ちにさせてくれる噴水

【ハイチ】ラバディの小さな岩山の噴水：カリブ海クルーズで立ち寄れるラバディのいくつかある噴水のひとつで、石を山状に積み重ねたもの。訪れる人を歓迎してくれている一方で、短い滞在時間を寂しがっているようにも見える噴水

【バハマ】ナッソーのトビウオの噴水：トビウオが飛んでいるというより、乱舞しているかのように水が噴き出して、まさに気分はパラダイス

【メキシコ】
・メキシコシティのアラメダ公園の噴水：歴史ある公園内にたくさんの多種多様な噴水があり、誰もがどれかに癒される
・メキシコ国立人類学博物館の噴き落ち噴水：15mある巨大なキノコの傘から水が噴き落ちる、元気があふれて気持ちいい噴水

【南アメリカ】

◎南アメリカを代表する噴水たち

　南アメリカの国々には、今の時代の考え方や風潮に流されることのない、他国とは異なる独特性があります。そしてそこには、各国特有の伝統や文化に基づいた考え方が色濃く反映されたと思われる噴水たちが存在しています。

　周辺市街地との一体感はもちろん、源泉にある文化を感じさせる雰囲気があります。人々の姿や笑い声に至るまで噴水との一致感を垣間見ることができます。そのような噴水を見ていると、南アメリカという地に身を置いていることを強く感じさせられます。

　南アメリカの噴水のなかでも自国の魅力が集約されているのが、ペルーの首都リマにあるレセルバ公園内の噴水たちでしょう。「公共公園内にある世界最大の複合噴水施設」としてギネスにも認定されています。

　噴水公園は、屈託のない明るさをありのままに見せるペルー人の性格や周囲の環境とぴったりと結びついていて、開放的な優しさを感じさせます。そこには、アーチ型で水の中を濡れずに通り抜けることのできるトンネル噴水（14ページ参照）や網の目状に勢いよく噴き出す水が四角錐を模したもの（52ページ参照）、最大80mまで噴き上げる噴水など、大小さまざまで趣向を凝らした13基もの噴水があり、夜にはライトアップもされています。いくつもの噴水を巡りながら楽しむことができるので「魔法の噴水巡り」と呼ばれて、私も

その魔法にかけられたひとりです。

　噴水公園を訪れたのは夕方開園時間の少し前。入場4ソル（125円〜135円位）を支払い誰よりも先に入場すると、すぐ目の前に大きな噴水が入園を歓迎しているかのように現われました。そして、次から次へと視界に飛び込んでくる光り輝く噴水たち。

　時折、感動のあまり発してしまう「あぁー！」「おぉ！」という言葉を抑えながら、広い園内を子どものように無邪気に見て回りました。時間や天候、他の人を気にすることもなく、一つひとつの噴水の虜になっている自分。まさしく、この地に身を置いているのを感じた瞬間です。

　徐々に涼を求めて集まる人々。たくさんの人が来て混み合ってきても、不快に感じることはありません。噴水たちが人々に溶け込み、訪れる人たちもまた美しい噴水たちに溶け込んでいるため、少しの違和感もないからです。

　すっとこの地に溶け込み入っていくようなこの瞬間をたとえるならば、まるで温泉に浸かって心身がリラックスしているような感覚です。

◎まだまだある南アメリカの噴水たち

【アルゼンチン・ブラジル・パラグアイ】3国国境展望台の噴水：近代的でシンボリックな姿に未来永劫に変わらぬ友好への願いを感じさせる噴水

【ウルグアイ】モンテビデオの南京錠の噴水：訪れるカップルの強い愛を静かに見守るように噴き出される水。愛を誓う無数の南京錠に愛の重さを感じる噴水

【コロンビア】グアタペのカラフルな噴水：カラフルな街というより、カラフルな世界の中にあるカラフルな噴水。思わず笑顔がこぼれてしまう

【チリ】パタゴニアの噴水ホテル：噴水というより、もはや自然の一部。噴水のあるホテルというより、噴水がホテルのようなファンタジックな世界を感じさせる。噴き出す水に包まれて眠ることができる

【ブラジル】ブラジリアの水雲湖の噴水：まるで雲の中にいるような感覚を与え、目に優しく、心も柔らかくする噴水

【オセアニア】

◎オセアニアを代表する噴水たち

　オセアニアで見られる噴水の多くは、美しい自然や、ときには野生動物とも融合している印象があります。

　代表する噴水をひとつあげれば、憩いを求めてたくさんの人が訪れているニュージーランドのクライストチャーチにあるビクトリア広場の噴水です。木々と芝生に覆われた、非常に美しい広場のビクトリア女王像横にバウカーの噴水はあります。

　公園の自然、周囲のビルとも融合しているこの歴史ある噴水は、ガーデンシティとしても名高いクライストチャーチの街自体をまるで噴水で表現したかのようで、この地にとてもしっくり馴染んでいる噴水です。

　オーストラリアでよく見られる噴水は、孔雀が羽を広げた姿を連想させることからピーコック型といわれ

るものです。華やかに噴き出す水の美しさに多くの人が足を止めて楽しんでいます。

ピーコック型噴水の魅力と、オーストラリアならではの自然との融合をいちばん感じるのが、オーストラリアのシドニーにあるエルアラメインの噴水です（12ページ参照）。私は「たんぽぽの綿毛の噴水」と呼んでいます。

繁華街キングクロスの中心の通り沿いにあるフィッツロイ・ガーデンにこの噴水はあります。ハイドパーク辺りからこの噴水を探し求めて20〜30分通りを歩いていたとき、70〜80m先のカーブ沿いにある小さなガーデンが正面に見えました。その瞬間、まだ遠く先なのに、噴水の姿が視界の中心に一気に入ってきたのを強く覚えています。

そばまで近づくと、昼間の街と通り、公園と周囲の木々、行き交う人々と車、噴水整備に来た人、さらには頻繁に見かける鳥アイビスに至るまで、すべてを鮮やかに包んでいました。まさに、噴水と周囲の環境との究極の融合を目にした瞬間です。

そこには、この場所から世界の有名な都市への距離が案内板で表示されていましたが、それらの都市ともひとつになっている感覚をもちました。このように、実際の景色以上に奥行きを感じさせるこの噴水は、私たちに果てしない可能性と希望を感じさせてくれます。もしも、自分自身や自分の置かれている状況に限界を感じるようなことがあったら、訪れることをおすすめします。

ちなみに、カラスよりひと回り大きいと思われるアイビスが飛んでいる姿を私は見たことがありません。ハイドパーク内で初めて見かけたとき、特別な鳥なのでは、と思わず写真に撮ったことを覚えていますが、鑑賞に行った多くの噴水の場所でアイビスの姿を見かけました。

◎まだまだあるオセアニアの噴水たち

【オーストラリア】シドニーのハイドパークのアーチボルドの噴水：ハイドパーク内の木々に囲まれたアプローチの先に見える、憩いの空間が待つ噴水

【ニュージーランド】オークランド アルバート公園の噴水：自然豊かな公園の中央にあり、噴き出す水はとても柔らか。街の喧騒が遮断されたベンチでリラックスできる噴水

【アジア】

◎アジアを代表する噴水たち

アジアでは、それぞれの国の文化や生活が色濃く反映された噴水に出会うことが多く、その地域ならではの素晴らしさを再発見させてくれます。有名なのはシンガポールのマーライオン。波をかたどった台の上に、下半身が魚、上半身がライオンの像が乗り、口から水を噴き出しています。

マリーナ地区のサンテック・シティモールには「富の噴水」があります（42ページ参照）。風水の国といわれるシンガポールでは、街づくりや仕事、生活などに

も風水が取り入れられていますが、この噴水もまた風水を考慮して設置されているのが特徴です。噴水中央にある泉の水に右手で触れながら3周すると、願い事が叶うといわれ、訪れる人たちが列をつくっていることもあります。

また、1998年に世界最大の噴水としてギネスに登録されたその大きさも特徴のひとつ。見下ろす地下部分から、見上げる地上部分へと吹き抜けになっている巨大な噴水で、立ち並ぶビルの谷間の道路中心をかき分けるように存在しています。

噴水が止まる時間などとタイミングが合えば、地下にある中央の泉までの通路に立ち、噴き出す水の中心から噴水を360度眺めることができます。それはまるで雨の中に身を置いている感覚です。同じ地下フロアのレストランで食事をしながら見上げたり、道路上から見下ろしたり。地下部分から空高く噴き出す水と地上から地下へ噴き落ちる水を間近で眺めることもできます。

見る場所や見る時間によって、ときには強く、ときには優しく訴えかけてくる富の象徴である水を、心と身体で思う存分感じられる噴水です。

インドネシアのジャカルタでは、いくつかあるモニュメントの噴水が観光スポットとして有名です。市街地中心の車の流れが集中する大きな環状交差点の中央に、そのひとつがあります。

訪れる人々への歓迎を表わした「歓迎の塔」と呼ばれている30mの高さの巨大なモニュメントがあり、その周りを囲むように巨大な噴水がつくられています。

ジャカルタは世界有数の渋滞都市。噴水の周りの道路にはたくさんの車が行き交っていますが、噴水脇には歩道が敷かれているため、間近で見たり、触れたりすることもできます。私はその歩道に行くための歩道が見つけられず、そばまで行くことができなかったのですが。車道を突っ切るしかないのかもしれません（苦笑）。

とても大きな噴水ですから、近接している高層ビルのホテルの部屋や、レストランで食事をしながら鑑賞するなど、高い位置から噴水の全貌を見ることもできます。背の高い巨大モニュメントと合わせ、ジャカルタならではの交通事情も含めて堪能できます。

とくに夜は噴水がライトアップアップされ、噴水の周りを通る車のヘッドライトとテールランプの紅白の灯りが相まった、ため息の出るような美しさに多くの人が魅了されるようです。

ベトナムのハノイの噴水は、昔のままの街並みや多くの人々の生活とひとまとまりになって存在しています。そのひとつが、観光名所として有名な水上人形劇が近くで行なわれるホアンキエム湖と、旧市街地の間のロータリーにある古い噴水です。直径5mほどの円形の水受けの中央の柱に三重の皿をもつ造形物で、その柱に向けて四方八方から水が浴びせられています。周囲では人々の生活の足であるバイクの群れと、自転車タクシーのシクロが縦横無尽に駆け巡っています。噴水自体がそんな喧騒の中へと引きずりこまれて、完全なる光景の一部となっています。

この場所より15分程歩くと、まさにハノイの生活を

色濃く反映した噴水があります。その噴水を見つけたのは、市街地のいたるところに庶民のデパートである大小の市場があるなかで、もっとも大規模といわれる3階建てのドンスアン市場の建物1階中央（40ページ参照）。柱の上には石球がシンボリックに掲げられ、ベトナム庶民の信念や一貫性のようなものを感じさせます。

市場内は1階から3階まで小さな店舗が軒を連ね、お土産品や日用雑貨、食品や衣料品などの商品が所せましと並んでいます。お店に入りきらない荷物は通路を埋め尽くしています。

その噴水横には納品しにきた人たちが、開封前の山積みの荷物にもたれかかるようにして疲れた身体を休ませています。噴水と生活感の充満した市場とが一体になっているようです。

この活気に満ちた空間は、生きるための活力を与えてくれます。もし、元気が出ないとき、前向きになれないときがあったなら、一度この喧騒に包まれてみてはいかがでしょう。

◎まだまだあるアジアの噴水たち

【台湾】台北駅前の噴水：シンプルな造りと柔らかに噴き出される水が、背景にある堂々とした駅と相まって強い意志と想いを感じさせられる噴水

【インドネシア】ジャカルタのモナスの噴水ショー：暑いジャカルタに涼しさを運ぶものでありながら、踊る噴水といわれるだけに熱さも感じられる噴水ショー

【韓国】ソウルの盤浦大橋の噴水：漢江にかかる橋から噴き出される多量の水たちに圧倒される。まるで韓国の人々の熱い声援のような噴水

【フィリピン】マニラのリサール公園の噴水ショー：数多くの花が咲く公園の中で、訪れる人を刺激するように咲き乱れる噴水たち

【カタール】ドーハの真珠の噴水：真珠の内に閉じ込められた光が放たれているように魅了する噴水

【ウズベキスタン】タシケント市の独立広場の噴水：のんびりとした雰囲気の広場で、棒状に伸びる華やかさに見惚れさせる噴水

【ブルネイ】ジュルドンパークの噴水ショー：細かな色合い、色彩の豊富さが神秘を醸し出す、他では見られない噴水ショー

【日本国内】

◎日本を代表する噴水

世界にはたくさんの有名な噴水がありますが、日本にも素晴らしい噴水があります。日本独特の雰囲気を醸し出す噴水をはじめ、大きさ、高さ、造形物の美しさといった点でも決して世界に引けをとることはなく、日本にいながらにして世界レベルの噴水を感じることもできます。

都道府県によって噴水設置数の多いところ、極端に少ないといったところがありますが、有名無名、特徴云々を問わなければ、全都道府県で噴水を見ることができます。

　そのなかで、山形県の寒河江ダムによりつくられた人工湖、月山湖にある月山湖大噴水は112mの高さまで噴き上げる大噴水で、その高さは日本で第1位、世界でも第4位です。

　しかも、ただ単に高々と水を噴き出すだけではありません。放射状の噴水との組み合わせなどによって、その姿をさまざまに変化させるので、飽きることなく眺められる噴水です。

　滋賀県の琵琶湖上にある「びわこ花噴水」は、横方向の長さが約440mあるのが特徴。こちらも世界最大級の噴水です。横に連なる複数の放射状の噴水がつくりだす飛沫が、涼しげな水音を立てながら湖面を揺らし、噴き出す水と水面とがまるで共鳴し合っているように見えて、その姿はとても美しく幻想的です。

　静岡県静岡市葵区の青葉通りでは、とてもユニークな噴水に衝撃を受けます（44ページ参照）。丸い壺のような形のオブジェの口部分に四方から噴き出した水が集められる構造。一定の水量になると、壺がごろんごろんと大きく動き出し、たまっていた水がこぼれ出すのです。はじめて見たときには、愛嬌のありすぎる動きに思わず笑ってしまいました。

　全国には他にもモニュメントとして、また地域のシンボルとして「ザ・噴水」といえるような典型的な噴水がある一方、ウェディングケーキや花、楽器や果物、火山や動物などをモチーフにしたと思われるじつにさまざまなデザインの噴水が豊富にあります。広場や公園だけでなく、駅前や通り、ときには地下街といった場所でも見られます。

　皆さんにも、どこそこの公園と聞いて、思い浮かべる噴水があるのではないでしょうか。そんな数ある噴水のなかで、私が日本でいちばん好きな噴水、それは京都府向日市の噴水通りにある噴水公園の噴水です（66ページ参照）。

　機能重視の噴水が好まれ、どこでも同じようなものがよく見られる昨今、流行にのった設置が、その街のステータスを落としてしまっていると感じることが少なくありません。さまざまな色や形をつくる能力はあっても、また、水遊びやシンボルなど特定の目的は達成できても、その場所に合っていないことが多いからです。噴水大好きな私がたいへん残念に感じる瞬間です。

　そんななか、この日向市の噴水通りにある噴水は、街のステータスを上げている噴水といえるでしょう。一年を通してその場に存在することに違和感がなく、水が噴き出しているときも、いないときも、街の一部分になっているからです。

　周囲の住宅や通り、街路樹などの邪魔をすることなく深く溶け込んでいて、そこで暮らす人々や生活との強い一体感があります。なによりも、噴き出す水の形や水量と、造形物の大きさやデザインとのバランスの良さが素晴らしく、どんな人でも受け入れてくれそうです。まさしく、街にぴったりと合った噴水です。噴水本来の意味や意義を感じさせられます。

　この噴水との最初の出会いは、噴水通りの街路樹が美しい緑に染まったある年の5月末のことでした。住宅地に囲まれた通り沿いで車を降りると、目をやった

70〜80m先の中央にその姿がありました。

　私はひとりで食事をしたり旅行をしたりするとき、とてつもなく美味しい食べ物や素晴らしい景色に出会うと、周囲に人がいることを忘れて「うっ、美味い」「おっ！　凄い」と声に出してしまいます（もちろん周囲に聞こえない程度の声で）。この噴水を中心とした放射状に広がる景色に視線が留まった瞬間も、一気に心を奪われ、思わず「あっ！」という声をあげていました。

　その景色を楽しむように、ゆっくり噴水に近づいていくと、自分自身も自然と景色の一部になっていくような居心地の良さを感じました。あいにく噴水からは、故障中のため水は噴き出してはいませんでしたが、水が出ていなくとも、噴き出す水のある景色をイメージすることができるくらい「生きている」噴水でした。

　たしかに、噴水そのものだけを見れば素晴らしい噴水はたくさんあります。この噴水は設置から30年ほど経っているため、補修の跡もあり、老朽感は否めません。しかし、風化による丸みも、街やそこで暮らす人々と共に過ごしてきたことを感じられる味わい深さもある噴水なのです。

　公園内のベンチに腰掛け、ほーっと噴水と周囲の風景を眺めていると、いつの間にか自分自身も完全に景色の一部になっていました。

　このとき、公園と噴水の清掃に来た数名の近隣住民の方々に出会いました。とても丁寧に清掃しているのを見て、「なるほど。だからこの噴水は生きているんだ」と思ったのを今でも鮮明に覚えています。

　その方々と噴水談議をさせていただくと、そのなかのひとりの女性が「わざわざ遠くから来てくれたのだから、水を出してあげたいなぁ」と清掃中の他の皆さんも巻き込んで話をしてくださいました。もちろん故障中ですから、水が噴き出すことはありませんでしたが、その優しさにとても嬉しい気持ちになりました。

　別の方からは「日本でどこの噴水がいちばん好きなのですか」と尋ねられました。「この噴水がいちばん好きです」と言うと、とても嬉しそうに、そして誇らしげに「桜の時期には通りの桜並木の桜と相まってとても美しいから、またぜひ来てくださいね」とおっしゃっていただきました。本当に地域の人たちの優しさに包まれている噴水であることを強く感じました。

　水が噴き出していなくても、その美しさを存分に見せ、感じさせてくれる噴水。水が噴き出したらどのようになるのだろうと想像すると居ても立っても居られなくなりました。そして帰る途中、噴水を管理している向日市役所の公園住宅課に問い合わせをしてみると、修理が終わるにはあと数週間かかるため、私の滞在中には間に合わないとのこと。そのことを申し訳なく伝えてくださる担当者の方。私の「世界中の噴水を見てきたから、どうしても見たかった」という話に関心をもっていただき、修理終了時には、わざわざご連絡をくださいました。また、写真撮影の際に、邪魔になる看板があれば一時外されても構いませんという許可も特別にいただきました。

　住民でもない私にここまでの親切な対応をしてくださる。このような方々に見守られているからこそ、噴水と街、噴水とそこで暮らす人々がひとつになって、互

いが美しく存在しているのだと強く感じました。

再び出会ったのは、念願叶って水が出るようになった翌月6月。細く柔らかく優しく噴き出す水は、まるで周囲との架け橋のような強いつながりを感じさせてくれました。

日本の代表的な噴水といえば、多くの人が有名な噴水をあげられることでしょう。しかし、私にとって日本を代表する噴水は、間違いなく、この向日市の噴水通りの公園にある噴水です。次は、桜の時期に会いに行きます。

◎まだまだある日本の噴水たち

【北海道・札幌】モエレ沼公園の海の噴水：直径48mの円状の噴水から醸し出される形状の数々はまるで大地に根付いているよう。圧巻の噴水

【埼玉・さいたま市】北浦和公園の音楽噴水：多くの人が利用する駅に程近い緑豊かな公園の中に、迫力満点の噴水が存在する。どこにも負けないパフォーマンスを見せてくれる噴水

【東京・千代田区】和田倉噴水公園の噴水：造形物と噴き出す水に自然で荘厳な雰囲気が漂う、他に類を見ない品格の備わった噴水

【大阪・大阪市】ホワイティうめだの泉の広場：多くの人が行き交う地下街にあり謎めいた雰囲気があるが、大阪人のような魅力が湧き出す噴水

【長崎・長崎市】平和公園の平和の泉：噴き出す水の刻々と変化する形状は、平和の鳩の羽ばたきを表わしているという。出会えば平和を願わずにはいられない噴水

【沖縄・那覇市】国際通りのシーサーの噴水：高さ3m以上はありそうな大きな噴水。シーサーの意味を知っていれば言葉にできない特別なものを感じさせる噴水

Part3

噴水セラピーの
すすめ

「5つ星噴水」

普段何気なく生活していると、なぜか目にとまる人っていませんか？ ちなみに私がよく目にとめてしまう人は、雰囲気とそれをまとうその人に違和感のない自然な人です。

それは、人に見立てることのできる噴水も同様です。何かを意識しているわけではないけど、ただそこにあるだけで目にとまってしまう噴水があります。それを私は、「5つ星噴水」と呼んでいます。目にとまったとき、多くの人が癒される噴水です。

この「5つ星噴水」の魅力には3つの共通点があります。

①その場に合っている噴水

周辺の環境との間に噴水自体の色彩、大きさ、雰囲気などが違和感なく調和していて、街の一部になっているので気持ちが安定します。噴水自体からの圧が前面に出すぎず、周囲との一体感が感じられるので圧も調整され、目を向けられやすくなります。

②アプローチを感じられる噴水

遠くからも噴水の姿を眺めることができます。まるで噴水を見に行く人を歓迎しているかのような道筋が噴水までのびているため、自然と目が向きます。

③10対6の比率の噴水

どちらかに特徴がありすぎたり、あまりにもバランスが良すぎたりすると、どんなに素晴らしくても印象には残りづらいものです。造形物の大きさや複雑さなどの思考的印象と、水の量や形状の感情的印象の割合が10対6の比率を感じられるものです。

人々から愛され親しまれている噴水にはこのような共通点があり、実際に触れ合った人は癒されてきたことでしょう。

ただし、「5つ星噴水」だからといって、すべての人に効果があるということではありません。その人の状態によって、癒される噴水は異なるからです。水量の多い噴水に癒される人もいれば、水量の少ない噴水に癒される人もいます。噴き出す水の形状によっても、違ってくることでしょう。

造形物も、大きさや複雑さなどによって、癒される、癒されないがあるでしょう。そのときの心身の状態によっても、以前は癒されなかったけど、今は癒されるということもあるかもしれません。

ちなみに、私が癒される噴水は四方のどこから見ても美しい噴水です。大切なのは、今の自分に合う噴水に出会うことです。良いか悪いかではなく、合っているか合っていないかが大事なのです (155ページの心理的症状と性格傾向への噴水セラピー的アプローチ例を参照)。自分に合う噴水が「5つ星噴水」ならば言うことはありません。

噴水を人に見立てるポイント

噴水を人に見立てることで楽しみや癒し効果が得られると述べましたが、実際には噴水を人に見立てるのは簡単ではありません。私たちが一人ひとり違うよう

に、噴水もまた形状ごとに異なるからです。人を見誤ると誤解や問題が生じやすくなります。しかし、「この人はこういう人だ」というように見極められると人間関係の対応に役に立ちます。

噴水も同様です。その傾向を見誤ると、噴水の効果やメッセージも感じにくいものですが、「この噴水は、こういう人のようだ」というように見立てられれば、噴水の効果を最大限得られることはもちろん、私たちが必要としているメッセージも感じることができるのです。

噴水を人に見立てる最大のポイントは、噴水から感じられる感情と思考のそれぞれの表現具合にあります。それを表現度と呼ぶことにすれば、噴水の「人化」に着目する際には、直接観察できる思考表現度と感情表現度の2つの視点をもつことが必要です。

思考表現度は、造形物の大きさや全体的な形と特徴、高さや動き、立地や色、年期、保存状態などを総合的に見て傾向を探っていきます。

感情表現度は、水の量や大きさ、太さ、高さや形、リズムやくせ、光量による明るさなどから総合的に見て傾向を探っていきます。つまり、人に見立てるために、造形物から感じられる思考表現度と、噴き出す水から感じられる感情表現度のそれぞれの度合いを評価し、ひとつにまとめていく感じです。

加えて、ふたつとない環境や景色など、周辺からもたらされる影響も表現度の一つとして加味すると、まるで人の生まれた場所や育った環境を理解することで、その人をより感じられるように噴水を感じるようになります。

ただし、人が単純でないように、噴水もまた決まった見方をすれば決まった見立てになるというものではありません。人の性別や年齢、知識や経験、役割などによって判断が違ってきますし、その人独自の主観や直感によっても判断が違ってくるように、噴水についても同じことがいえるからです。

直接観察できる造形物や噴き出される水の形状からの影響は強力です。丁寧に観察していけば、一見ありふれたような噴水にも感情や思考があることがわかり、特別なものに見えるのです。

思考表現度と感情表現度から噴水の傾向を知り、噴水を人に見立ててみましょう。きっと噴水からのメッセージが聴こえてくるはずです。

２つの視点で考える

目に見える噴水の形状から、思考表現度と感情表現度という２つの視点をもつこと。そのために、噴水を自分の中で指数化する方法があります。

造形物の大きさや全体的な形と特徴、高さや動き、立地や色、年期、保存状態などから感じられる思考表現度、即ち考えや意見をどのくらい主張しているのかという度合を10段階で評価していきます。

また、水の量や大きさ、太さ、高さや形、リズムやくせ、光量による明るさなどから感じられる感情表現度、即ち気持ちや気分をどのくらい表わしているかという度合も10段階で評価していきます。

　思考表現度10段階、感情表現度10段階の組合せを「噴水心理指数」として表わし、10段階×10段階の合計100パターンをひとつの基準とします。

　難しく感じるかもしれませんが、そんなことはありません。たとえば思考表現度の高い噴水というのは、彫刻的であったり、複雑化されていたりする造形物に明確な意思が感じられます。

　有名な彫刻家の作品であったりするとより明瞭かもしれません。そもそも造形物が大きい時点で主張的な思考表現度の高さが伺われ、見た目にはっきりとわかります。そこに存在することに意味を感じさせる噴水といえるでしょう。

　人にたとえるなら、周囲からどのような評価をされても自分の信念を貫ける人といえるでしょう。しっかりした自分の軸があるため、考えがブレることもありませんから、何か迷うようなことがあっても、決断が早く、その決断に対して自信をもっています。

　一方、思考表現度の低い噴水の特徴を一言でいえば、見た目にシンプルなつくりの造形物です。複雑な彫刻が施されていることが少ないので、協調的でソフトな印象が感じられます。小さい造形物であればあるほど「私が、私が」といった主張が弱いため、どのような周囲の環境とも喧嘩することなく適応し、穏やかでゆったりとした時間を生む噴水です。

　人にたとえるなら、張り詰めた空気を和らげる穏やかで物腰の柔らかい人といえるでしょう。常に周囲に気を配っているため、人を不愉快にさせることがありませんから、一緒にいると心地よい感覚に包まれます。

　対して感情表現度の高い噴水の最大のポイントは、何よりも水量です。水量の多さに溢れ出る気持ちが感じられます。水によってつくられる形状の大きさや厚み、移り変わる形状の変化といったさまざまな表情にも、感情の豊かさ、高さが表われます。

　最近では、イルミネーションによってカラフルに色付けされたり、水そのものに着色されることもありますが、これらは思考を表現している造形物をときに見えなくしたり、無いものにすることもあります。それは、過分なまでに感情が強調された噴水といえるでしょう。

　人にたとえるなら、良い意味で何かに熱中すると他のことが考えられない情熱的な人といえるでしょう。たとえ困難があったとしても、物事を楽観的にとらえることができるので、計画は着実に実行していきます。

　一方、感情表現度の低い噴水というのは、噴き出す水の大きさや変化が小さく、何よりも水量が少ないのが特徴です。感情を上手く表に出せなかったり、あえて出すことをしなかったりする控えめさや弱さが感じられます。さらに、水の形状が造形物を引き立たせていたり、造形物の陰に隠れたりしているならば、感情表現度の低さは一目瞭然です。

　人にたとえるなら、一見、存在感がなさそうですが、周りの状況や空気を読むことに優れている人といえるでしょう。感情のコントロールができ、決して気持ちに翻弄されることがありませんので、意見を言うにしても、感情を前面に出さず、ゆっくりと静かに話し、穏やかに伝えることができます。

　このように、噴水を人に見立てるときには、思考表現度の高低と、感情表現度の高低による組み合せから大まかな傾向を感じることができます。たとえば、高い思考表現度と高い感情表現度が合わさった噴水。それは、選挙演説を街頭でしているような、強い意思と情熱の感じられる政治家や、なすべきことは当たり前に行ないながらも、お客様の気持ちにも配慮できるような一流のホテルマンなどを連想できるかもしれません。

　考えと気持ちの双方がオープンで、全体の雰囲気を活気づけてくれるような人です。２つの表現能力の豊かさから、多くの人を巻き込んで楽しませてくれます。手の込んだ巨大な造形物と圧倒的な水量で人々に感動を与えているシカゴのバッキンガム噴水などが、このスタイルにあてはまる典型的な噴水といえるでしょう。

　思考表現度は高いが、感情表現度が低い噴水は、業務的で機械的に淡々と話をする必要のある職種の人や、マニュアルに忠実な人が真っ先に思い浮かびます。

　何事にも動じずに冷静な判断のできる人といえるかもしれませんが、頑固親父や融通のきかない上司といった、思い込みや決めつけの激しい主観やルールに重きを置く人も連想できるでしょう。良くいえば、気持ちは抑えて、言うべきことをはっきり伝えて、私たちを必要な方向に向けて導いてくれるメンターのような人です。特徴としては、思考表現度の高さによるメッセージ性の強さから、見る人に思案の機会を与えてくれます。

　造形物の確固たる主張と、それを邪魔することなく控えめに噴き出す水の形状が人々に神秘さを感じさせてくれる噴水としては、スイスのベルンにある11の噴水（110ページ参照）や、イタリアのチボリのエステ家別荘前にあるイゴール・ミトライの噴水（58ページ参照）などがこのスタイルにあてはまる典型的な噴水といえるでしょう。

　逆に、思考表現度が低く、感情表現度が高い噴水は何よりも情に熱いタイプといえます。人でいえば、ともすれば相手のことを考えずに自分の気持ちのままに行動し、無鉄砲な一面が出てしまうタイプです。そのため、よく考えればわかることでも、やってみなければわからないと思いつきで行動することも少なくありません。

　人の意見を聞かずに物事を進めようとするタイプや、お金はないけど宝くじが当たるから大丈夫だと考えているようなタイプもそうです。現状を省みない猪突猛進な人や、現実的ではない発想をする人など、多くの場面でリーダーには向かない人でしょう。このような人は、何も語らなくても顔を見ているだけで今の気分が直ぐにわかります。

　このタイプの噴水は、大きなエネルギーを見る人に与えてくれます。造形物を覆い隠すように噴き出す水の形状が、人々に頼もしさをもたらしてくれる香港のペニンシュラホテル前にある噴水などが、このタイプに当てはまる典型的な噴水といえるでしょう。

　最後に、思考表現度が低く感情表現度も低い噴水については、極端な話、思考表現も感情表現も一切表われていない。人ならば、何を感じ、何を考えているの

かまるっきりわかりませんから、覇気のない脱け殻のように見えるでしょう。ただの屍のようだともいえます。

水が噴き出すことなく、また、その予定も立たず、整備や清掃をされることなく、ただ老朽化している噴水もこのタイプです。

ただし、多くの噴水は少なからず思考もしくは感情の何れかが、低いながらも表現されているものです。造形物といえるほどのものがない水遊び場の噴水でも、水が噴き出していれば何らかの表現をしていますし、たとえ水がない噴水であっても、造形物が明らかに存在していれば、これもまた何かを表現をしています。

その姿は、自分の意見や気持ちを我慢する人のように見えます。自己主張ができなかったり、感情を抑えることが当たり前になっていたりします。総じていえば、コミュニケーションの苦手な物静かな人を連想できるでしょう。

ふたつの表現能力が乏しいために、多くの人との関わりに制約が生まれています。しかし、同じようなタイプの人には共感を生むタイプでもあります。そう考えると、このタイプの噴水の造形物からは穏やかな主張があり、噴き出す水からは冷静な気持ちが伝わってくる噴水ともいえるでしょう。

このタイプにもっとも当てはまると思われる噴水の紹介は控えさせていただきますが、タイのバンコクのホテルや街中で見かけた噴水などはこのタイプの典型的な噴水といえるでしょう。

はじめから噴水を人に見立てようとしても、どうしていいのかわからないでしょうが、このように思考表現度と感情表現度という視点で見ると感じとってもらえるのではないでしょうか。こういうタイプの人がいるなとか、自分はどのタイプだろうとか、自分に合うタイプはこのタイプかなと思い巡らされたことでしょう。

基本的な考え方として、何らかの考えを訴えている傾向が強いと感じれば、思考表現度が高いですし、弱いと感じれば、思考表現度が低いのです。つまり、どのくらい思考的なものを表わしているかがわかるのです。

一方、何らかの気持ちを訴えている傾向が強いと感じれば、感情表現度が高く、弱いと感じれば、感情表現度が低いということです。つまり、どのくらい感情的なものを表わしているかがわかるのです。

２つの表現度はそれぞれ10段階になっており、２つの組合せによってより細かな人物像を知ることができます。そのために、まずは各表現度の特徴を大まかにつかんでおいてください。

その際、まず必要な視点は、自分自身にとってどう見えるかより、多くの人にはどう見えるかです。

ただし、ここであげた特徴のすべてが特定の誰かに当てはまるわけではありません。あくまで、各表現度との対比、高低の比較からそういう傾向が見えるということです。決して絶対視をすることなく、常に客観的な視点で見つめることを忘れないでください。そのうえで直感的、主観的な視点を加味して、総合的に考えると良いでしょう。

噴水も人と同様に、さまざまな要素をもっていますから、どの特徴の中にも、当てはまらないことはあるものです。これはこうだと決めつけてしまうと、噴水を理解するより、誤解してしまうことになってしまうので注意が必要です。

10段階の度合いを感じるユニークな見方

噴水から人の大まかな傾向が見られるようになったら、次に10段階評価をしていきましょう。さらに人間的な性質や性格を与えて、よりリアルに、自分の側にまるで人がいるかのように理解を深めていきましょう。

ひとつの方法として、まずは噴水から人を強くイメージしていきます。たとえば、どこに住んでいる人であるとか、言葉遣い、身体の特徴や息遣い、匂い、体温などから感じられる気配、理性的かどうかなどです。

そうして、噴水から人間らしさを思いきり感じてみるのです。そのことで、より噴水を人に見立てる視点が強くなります。

噴水に人を感じることができたら、次にそのイメージから思い浮かぶ性格を考えていきます。たとえば、明るい性格、暗い性格、穏やかな性格や几帳面な性格、おおらかな性格、正直で素直な性格、冷静で落ち着いている性格といったふうに考えていくのです。

その性格から人物像の輪郭をつくり上げていきます。たとえば、優しそうな人、厳しそうな人、感情の起伏の激しい人、横柄で偉そうな人、前向きな人、意志の強い人、心が広い人、嘘がつけない人、口の軽そうな人、人懐っこい人、よそよそしい人、身体や心が病んでいる人、無口な人……。そうして、〇〇な人というイメージをつくりあげるのです。

ある程度人物像が見えたら、性別や大まかな年齢も考えてみます。噴水の造形物の大きさや重厚感などから男性か女性か性別を決め、さらに、制作後の経過年数や風貌からおおまかな年齢も決めていくと、より一層輪郭がハッキリしてきます。

このような輪郭が見えてきたら、今度は輪郭の内側を見ていきます。その人の就いている仕事、役割や立場。また、髪型や体型、服装などの容姿や持ち物からの印象なども事細かに想像していきます。

たとえば、食品を販売する会社の営業をしているとか事務をしている。社長や部長、主任といった肩書などがあるとあてはめていきます。ムードメーカーであるとか、みんなをまとめるリーダーであるといったふうに、どのような存在であるかまで思い巡らすのもいいでしょう。もちろん職場のみならず、家族や友人、地域社会の中での役割や立場なども見ていくことは、輪郭の内側を明確にすることにつながります。

そして背の高さや、太っている、痩せている、着ている服や身につけている持ち物に至るまで具体的に想像していくと、漠然としていた「誰か」が見えてくるようになるのです。それはもしかしたら、あなたの知っている誰かかもしれません。

声を聴くには

　このような視点をもって噴水に深く関わることは、これまで以上の癒しを得ることにつながるでしょう。何よりも噴水を人に見立てることは、自分ひとりよりも、ふたりでいることの心強さを感じることにもなると思います。

　ただし噴水からの声を聴くためには、各表現度を評価できただけでは不十分です。今度はそこに自分がフィットすること、させていくことが必要なのです。

　よく、あの国の人はこのような人、この国の人はこのような人といわれることがあります。私が訪れてきた国の印象でも、雑な人が多いなぁとか、落ち着いている人たちだなぁとか、優しい人たちだなぁ、頑固な人たちだなぁなど、その国ならではの性格傾向を感じることがあります。もちろん、すべての人に当てはまるわけではありませんが、その傾向はあります。

　自分と似ている傾向などがあれば親近感をもつこともあるでしょうし、その傾向に従ってその人たちに関わることは、知らないまま関わるよりも、効果的に関わりやすいものです。

　噴水も同じです。噴水から人としての傾向が見えてくると、噴水を近くに感じられるようになります。当然のことながら、癒しを得ることにもつながるでしょう。さらに、その噴水の傾向に自分自身を合わせていくと噴水からの声も聴こえてきます。

　そのための方法として、目の前にある噴水に「あなたはどういった人なの」「もっとあなたのことがわかりたい」「早くあなたの側へ行きたい」などと想いを馳せるのもいいですよ。同時に、まず遠くから噴水と噴水の置かれている周囲の状況全体を把握しながら、少しずつ近づいていきます。視界を噴水の全景でいっぱいにしてから、少しずつ噴水の個性を理解していくのです。最終的には、居心地の良い場所に身を置くといいでしょう。

　このような見方をすることで、噴水からさまざまな感覚を受け取るようになります。たとえば幸福感や自由感、肯定感、有能感、親近感、達成感、ときには圧迫感や虚無感、緊張感……。それらから人を感じる「人感」が生まれてきます。

　ここまでくると、噴水が言葉を発して私たちの耳に、そして心に何かを訴えかけてくるようになります。

　たとえば身動きがとれない状況に苦しんでいるときなら、思考表現度3、感情表現度7の自由感を感じさせる噴水からは、「誰かがあなたを束縛しているのではなく、あなた自身が自分を束縛しているんだよ。そう考えると、あなた次第でいつでも解き放たれることができるということだね！」という声が聴こえてくるかもしれません。

　自分の力の無さに悩んでいるときなら、思考表現度6、感情表現度4の肯定感を感じさせる噴水からは、「あなたは自分のことを認めていないけれど、家族も、友人もみんなあなたのことを認めているよ！」という声が聴こえるかもしれません。

　楽しむことに明け暮れて将来への不安に目をつむっているときなら、思考表現度8、感情表現度8の緊張

感を感じさせる噴水からは、こんな声が聴こえるかもしれません。「自分でも気づいていると思うけど、ちょっとゆるみ気味のあなたの学生生活は楽かもしれない。でも、社会人になったらもう少し気を引き締めないと社会生活を送っていけないよ！」

もちろん噴水は人間のような言葉を使って話すわけではありません。同じ噴水であっても、同じ表現度であったとしても、聴こえてくる言語も意味も人によって異なります。また、そのときの心身の状態や置かれた状況によっても、聴こえてくるメッセージは異なります。

噴水から聴こえてくるメッセージは、誰かにではなく、あなたへのものです。その噴水を誰が作成したかに、それほど大きな意味はありません。もちろん、絵画が思想を伝えてきたように、作成者の意図や気持ちを鑑みることはあるでしょう。写実的なものか、理想化されたものであるかを考慮することもあるでしょう。そして、見る人の生きている時代によっても、受けとるものは変わってきます。

噴水からの声を聴くうえで何よりも大切なのは、私たち自身の想像力を働かせることです。今のあなたにはどう聴こえるか、それはあなたに何を気づかせるかなのです。

私の好きなイゴール・ミトライの彫刻がそうであるように、噴水もまた人の想いを引きだすものです。本気で噴水のことを考えながら向き合えば、想像は広がります。そうして大いに想像して、噴水からの声を聴いてください。

噴水セラピーの方法

このように噴水を人に見立てることは、心理的ケアとしても利用できます。それを「噴水セラピー」といいます。

たとえば、気持ちが落ち込んでいるときや元気がないときには、気持ちを高めてくれるような水量の多い情熱的な噴水に出会うといいのです。寄り添ってほしいだけなら、水量は少なく主張の少ない造形物の小さな噴水に出会うと、見守ってくれているような効果が期待できます。

人とうまくいかないときには、人との関わり方を指南してくれるような、造形物に意図の感じられる彫刻的な噴水に出会うといいでしょう。人と関わる意欲だけが欲しいのであれば、シンプルな造形物で水量の多い噴水に出会うと、何も言わずに背中を押してくれるような感じが得られるかもしれません。

発表会の場や愛の告白など、自分の持つ能力を最大限に発揮したいのであれば、造形物に迫力があって、かつ水量も多い噴水に出会うことが自分自身を勇気づけ、奮い立たせてくれることになるでしょう。

自分にピッタリ合う噴水に出会うことは、今の自分にとって必要な人に会ったり、必要なメッセージを聴いたりする機会になり得ます。悩みや問題の解消や軽減にもつながります。

気持ちを高める必要があるようなときは水量の多い噴水に、思いを高める必要があるようなときは造形物の大きい噴水や手の込んだ噴水に出会う。逆に、気持

ちを抑えたければ水量が少ない噴水に、何も考えたくないのであれば、小さくシンプルな造形物の噴水に出会うことが、噴水セラピーの基本です。

私たちは何らかの悩みや問題をもつと、家族や友人、上司や同僚、専門機関に相談することがあります。しかし、そこで悩みや問題が解決するとは限りません。求めている答えが聞けなかったり、悩みや問題、そして自分自身を理解されず、解決しなかったりすることも多いでしょう。とくに、人間関係の希薄な現代社会には自己中心的な人も多く、悩みや気持ちに本当にマッチする人と出会うのも難しいことです。

噴水セラピーでは、何より噴水は人という視点をもって、自分に合った噴水、必要としている噴水に出会うことが基本です。事実、噴水との出会いが多くの人の悩みや問題に対して解消、軽減へと導くことも少なくないのです。

そんな噴水セラピーの効果を得るために、とくに重要なポイントが噴水との相性です。

思考表現度や感情表現度、性格傾向など相性の良い噴水となら、癒しの効果を得やすく、悩みや問題の解決を助けてくれます。反対に、思考表現度や感情表現度、性格傾向などが合わない噴水だと、ほとんど効果を得ることはできません。

どの噴水が自分に合っているか否かを知るには、噴水の思考表現度と感情表現度を理解しておくと同時に、自分自身の2つの表現度を知っておくことも大切です。

人間の表現度は、基本的に噴水の表現度の評価の仕方と同じです。人間の心の働きは大きく思考と感情で成り立っているといわれます。思考タイプとか感情タイプといった分け方もありますが、思考タイプだから感情がないということではありません。感情タイプだから何も考えていないということでもありません。

思考の働きが高くて感情の働きが低い人、思考の働きが低くて感情の働きが高い人、または思考も感情も共に高い人、共に低い人もいます。たとえば、論理的に物事を考えたり、信念が強かったりするのであれば、思考表現度が高いと考えられます。あまり深く考えないところや、周りの意見に流されることが多いのであれば、思考表現度は低いと考えられるでしょう。

一方、喜怒哀楽が豊かでリアクションが大きいのであれば、感情表現度が高いと考えられ、無表情で気持ちを表現することが苦手であれば、感情表現度は低いと考えられます。

自分の表現度がどの程度なのか、噴水同様に10段階で評価していきます。さらに自分自身の状態や状況、性格傾向も理解したうえで、噴水の各表現度、性格傾向と照らし合わせます。そうして今の自分に合った相性の良い噴水かどうかを判断するのです。

噴水との相性

噴水セラピーにおける相性の良さとは、自分と噴水に共通性と補完性がどれくらいあるかで決まります。共通性については、自分と噴水の各表現度や性格傾向に類似点が多くあるほど共通性があるということになります。

　なかには似ていないことに居心地の良さを感じるという人もいますが、人は自分と似た人を好きになるといいます。噴水に対しても、感情表現度の高さが似ている、思考表現度の低さが似ているといったふうに共通性があるほど噴水との相性がいいのです。安心感や居心地の良さを感じやすく、噴水から癒しも得られます。

　もうひとつの補完性とは、自分と噴水の間に各表現度や性格傾向で差異があるとき、それを補完していくようにすることです。これは、現状に変化を求めるようなときに、噴水セラピーで利用されます。

　補完するというと、自分を殺す、我慢する、無理をするという印象があるかもしれません。しかし、もともと相性の良い噴水であれば、少しの違いのために噴水の傾向に自分の傾向を近づけるように補完してみるだけでいいのです。

　自分と噴水の各表現度や性格傾向を比較し、異なる部分、特に反対の部分を利用して、足りない部分があれば補っていきます。自分の表現度のどこを補い、ときにはどこを強化するかを見極め、噴水の表現度に重ね合わせていくのです。

　たとえば噴水の感情表現度が高く、自分自身の感情表現度が低いのであれば、その違いの刺激によって得られた気づきを通して、低い部分を補っていきます。逆に、噴水の感情表現度が低く、自分自身の感情表現度が高いのであれば、その違いの刺激によって得られた気づきを通して、高い部分を下げるように調整していきます。

　あるいは、自分の思考表現度が高すぎて考え過ぎる傾向があり、自分の考えを譲らないといった傾向があると、意見が衝突したり、あれこれ考えて身動きがとれなくなったりして問題を起こしがちです。

　そんなとき、思考表現度が低い噴水に重ね合わせることで思考表現度の高さを中和させ、深く考えない、妥協するといったことができるようになります。反対に、あえて同様に思考表現度の高い噴水に重ね合わせることもあります。考えすぎや考えを譲らないために自分と同じ傾向にある噴水に重ね合わせることで頑固な自分と向き合い、それを「自分は何て頑固なんだ」と改める必要性を感じることができるからです。

　思考表現度が低すぎて物事を深く考えることなく行動してしまい、しなくてもいい失敗をするといった場合は、思考表現度の高い噴水に重ね合わせることで思考表現度の低さを自覚させられ、行動する前に考えるといったことができるようになります。

　この場合も、あえて思考表現度の低い噴水に重ね合わせることもあります。物事を深く考えずに行動してしまう自分に目の前にある噴水を通して直面し「自分は何てせっかちなんだ！」と改めることの必要性を感じることができるからです。

　自分の感情表現度が高すぎることで、興奮しすぎて気持ちが抑えられないといった傾向があるときは、感情表現度が低い噴水に重ね合わせることで感情表現度の高さを中和させ、気持ちを落ち着かせることもできるようになります。反対に、あえて感情表現度の高い噴水に重ね合わせることで「いい加減落ち着け！」と自分に気づかせることもできます。

〈性格傾向例別各表現度評価一覧表〉

ある人の性格傾向	思考表現度	感情表現度	ある人の性格傾向	思考表現度	感情表現度
意地っ張り（素直さがなく、思うことを変えない人）	8	7	呑気（のんびりしていて、無頓着な人）	3	4
うっかり屋（ぼうっとしていて、他に注意が向かない人）	2	4	控えめ（遠慮がちで、でしゃばらない人）	5	2
臆病（気が弱くて、強くものが言えない人）	4	2	無邪気（素直で、開放的な人）	4	9
穏やか（静かで、興奮しない人）	5	1	ヤンチャ（自由で、わがままな人）	6	9
おっとり（話し方や動作がゆったりで、天然的な一面もある人）	3	3	勇敢（危険を恐れず、積極的な人）	7	10
大人しい（素直で、物静かな人）	5	3	陽気（賑やかで、楽天的な人）	6	8
寂しがり（安心感のなさ、自信のなさが見え隠れする人）	4	5	冷静（落ち着いていて、感情を抑えられる人）	7	2
慎重（注意深く、軽々しくない人）	7	5	頑張り屋（真面目で、尽力する人）	8	4
図太い（神経が太くて、堂々としている人）	8	6	気まぐれ（気持ちや考えが変わりやすい人）	2	8
せっかち（落ち着きがなく、イライラしている人?）	4	8	素直（ありのままで、従順な人）	4	3
生意気（偉ぶって、出過ぎてしまう人）	9	8	照れ屋（恥ずかしがりで、人見知りな人）	6	3
能天気（楽観的で、何も考えていない人?）	3	7	真面目（何事にも真剣で、いい加減ではない人）	8	2

　感情表現度が低すぎることで、気持ちを表わすことができないといった傾向があるときは、感情表現度の高い噴水に重ね合わせることで感情表現度が低い傾向が助けられ、素直に感じたままに反応するといったこともできるようになるでしょう。

　こちらもまた、同様の感情表現度の低い噴水に重ね合わせることで、気持ちを表わすことができない自分に直面し、「もっと勇気を出せ！」と自分を改める必要性を感じることもできるのです。

　ただし、私たち人間は思考と感情のどちらか一方でアプローチすれば良いというほど単純ではありません。一方へのアプローチと同様に、もう一方へのアプローチを行なうことが必要です。それには、ふたつの表現度に基づいた自分自身の傾向をしっかりと把握しておきましょう。

　そうすれば、自分自身が必要とする傾向をもった相性の良い噴水である可能性が高くなります。そもそも人は、自分に合っているものに対しては自分の強みを発揮しやすいものです。反対に自分と合わないものに対しては、ときに違和感や抵抗感をもち、近づきたくない、嫌いだという印象をもってしまいます。

　自分にピッタリ合う噴水を見つけてください。噴水が人に与える影響の程度は、最終的にはここにかかっているからです。

　私は思うのです。噴水は人がつくったものでもっとも人間に近いものだと。だから、自分に合った噴水を活かしていくことが大切なのです。

　この表にある性格傾向ごとの思考表現度と感情表現度の数値は、あくまで併記的なもので、同じ性格傾向の人であっても必ず同じにあるとは限りません。ただ、漠然と人を評価するのではなく、一定の目安をもって評価する基準になると思います。

心理的症状と性格的傾向への噴水セラピー的アプローチ例

　現代社会に生きる私たちは、さまざまな心理的症状に悩まされることが少なくありません。そのようなとき、自分に合った噴水に出会うことは、症状の解消、軽減に効果的です。

　性格も同様です。このような性格的傾向だからと、生き辛さを感じている人もいることでしょう。自分を必要に応じて癒し、ときには、その性格を認め受け止めさせてくれる表現度指数の噴水に出会うことが有効です。

　ここで、心理的症状と性格的傾向のそれぞれに応じて、どんな表現度の噴水に出会うといいのか、まとめておきます。

【心理的症状】

〈不安なとき〉

　いくつもの感情の入り混じった漠然とした感情のひとつである不安を感じている場合は、思考表現度は2で、感情表現度が8など。混乱している状態であるともいえるでしょう。

　そのようなときには、思考表現度8と感情表現度2を感じられる噴水に出会うといいでしょう。不安な気持ちを落ち着かせるよう、冷静に考えさせてくれます。

〈依存気味なとき〉

　物事を自分の意思で判断して行動することができない場合は、思考表現度は1、感情表現度は9など。誰かや何かと繋がっていることに何らかのメリットを感じている状態であるともいえるでしょう。

　そのようなときには、思考表現度9と感情表現度1を感じられる噴水がおすすめです。気持ちを冷静にさせ、依存ではなく主体性をもつことがどういうことなのかを感じさせてくれます。

〈ストレスフルなとき〉

　ストレスを強く大きく感じている場合は、思考表現度も感情表現度も10など。心身の健康に大きな影響をおよぼす恐れのある状態であるともいえるでしょう。

　思考表現度8、感情表現度3などの噴水に出会うといいでしょう。今の状態を自覚させ、日常生活を見直すきっかけになると同時に、噴水の癒しがストレスを緩和してくれます。

〈イライラするとき〉
　何となく気持ちが落ち着かず、周囲の言動に過敏に反応している場合は、思考表現度は3、感情表現度は9など。情緒不安定な状態であるともいえるでしょう。
　思考表現度8、感情表現度5を感じられる噴水に出会うと、現状を客観視させ、イライラした気分を安定させてくれます。

〈悲しみにくれているとき〉
　耐えがたい悲しみに襲われている場合は、思考表現度は1、感情表現度は10など。正常な思考のできない状態であるともいえるでしょう。

　思考表現度5、感情表現度5を感じられる噴水に出会えば、気持ちや考えをゆっくりと見直させ、悲しみに上手に向き合わせてくれます。

〈内にこもっているとき〉
　思考や感情が思った通りに働かず、言いたいことも、したいこともできずに悶々としている場合は、思考表現度は10、感情表現度は1など。どうしたよいのかわからない状態であるともいえるでしょう。
　そのようなときには、思考表現度5、感情表現度7を感じられる噴水がぴったりです。考えを柔らかくさせ、同時に気持ちを高め、今の自分の意識を外へ外へと向かわせてくれます。

〈恐怖を感じるとき〉
　知らない、わからないといった得体の知れない感情に脅かされている場合は、思考表現度は8、感情表現度は8など。危険を警戒している状態であるともいえるでしょう。
　思考表現度5、感情表現度3を感じられる噴水が、現状を理解させ、恐怖に混乱する心を和らげてくれます。

〈自信がないとき〉
　自分の思っているようにならない場合は、思考表現度は2、感情表現度は3など。無力を感じている状態であるともいえるでしょう。
　思考表現度5、感情表現度6の噴水に出会うことで、思考と感情に力を感じましょう。自信のないネガティブな心を長引かせることなく、自分を信じるポジティブな心へと導きます。

〈気分が高揚しているとき〉
　大した理由もないのに、度をこえる感情や言動がみられる場合は、思考表現度は9、感情表現度は10など。緊張感の強い状態であるともいえるでしょう。
　思考表現度7、感情表現度5の噴水が気分をコントロールして、心を落ち着かせてくれます。

〈物事に否定的なとき〉
　事あるごとに、事実を認めなかったり、相手のいうこと、やることに「NO！」や「でも」という言葉が多かったりする場合は、思考表現度は10、感情表現度

は8など。自己顕示欲の強い状態であるともいえるでしょう。

そのようなときには、思考表現度6、感情表現度4を感じられる噴水に出会うといいでしょう。フラットな目線を感じることで気持ちを整理し、否定的な思考の支配から解放させます。

〈攻撃的なとき〉

些細なことでも大げさに責めたてるような場合は、思考表現度、感情表現度ともに9など。自分の不安を消そうとしている状態であるともいえるでしょう。

思考表現度5と感情表現度8を感じられる噴水がマッチします。大切なのは気持ちを無理に抑えないことです。内面のコントロールは、攻撃の元でもあるストレスの発散につながります。

〈気分の波があるとき〉

コロコロと変わる自分の気分に従っている場合は、思考表現度は2、感情表現度は10など。ムラのある状態であるともいえるでしょう。

思考表現度9、感情表現度5の噴水が冷静な自分と向き合わせ、気持ちを出し切って感情の安定をもたらしてくれます。

〈落ち込んでいるとき〉

気持ちや意欲が低下して、心身に力の入らない場合は、思考表現度は5、感情表現度は1など。何にもやる気がしない状態であるともいえるでしょう。

思考表現度4、感情表現度9を感じられる噴水に出会うことで、気持ちの切り替えがリラックスへとつながり、落ちこみを生み出したストレスの解消にもなります。

【性格的傾向】

〈責任感のある人〉

責任感のある人は真面目ゆえに、論理的で客観的。思考表現度は8、感情表現度は2など。機械的で周囲に気の配れない人と思われてしまうこともあるでしょう。結果、他者を遠ざけてしまうこともあります。

そのようなときには、思考表現度5、感情表現度5を感じられる噴水に出会うことで、バランスのとれた周囲との関わりと、人への配慮の大切さを感じさせてもらいましょう。

〈思いやりのある人〉

思いやりのある人は思考表現度は3、感情表現度は7など。親しみやすいのですが、ときに周りにも同様の思いやりを期待してしまい、期待通りにならなくて傷つくことも少なくありません。

思考表現度7、感情表現度3などの噴水に出会うことで、誰かもではなく、何より自分が人の役に立てる人間であるということの素晴らしさと満足を感じられます。

〈冷静沈着な人〉

　冷静沈着な人は思考表現度は8、感情表現度は2など。現実的で、事実を観察することに優れています。しかし、自分の感情を人と分かち合うことが苦手な人も少なく、人間関係に弱いところがあります。

　マッチするのは思考表現度4と感情表現度6を感じられる噴水。人への興味と関心を強め、気持ちの見せ方を考えさせてくれるはずです。

〈バランスのとれた人〉

　バランスのとれた人は思考表現度、感情表現度ともに5など。人と上手に関われます。とくに自分の内面を理解してくれる人とは親しくなりますが、一方で、バランスのとれていない人や事に出会うと、強い違和感から不快感を感じることもあります。

　そのようなときには、思考表現度9で感情表現度1や、思考表現度1で感情表現度9といった大きなギャップの感じられる噴水に出会うといいでしょう。アンバランスなものへの柔軟なかかわり方と大切さを教えてくれるからです。

〈好奇心旺盛な人〉

　好奇心旺盛な人は思考表現度は1、感情表現度は9など。社交的で、活発で、新しいもの好きです。しかし後先考えずに行動してしまうことから、余計なことに首を突っ込んでしまい、予期せぬ危機に巻き込まれることもあります。

　思考表現度9、感情表現度1の噴水が、論理的で客観的な見地を教え、冷静に物事を考えさせてくれるでしょう。

〈楽しい人〉

　楽しい人は、思考表現度は5、感情表現度は8など。思考よりも感情を重視するところがあります。ありのままに日常生活に楽しみを見出し、人を楽しませることに喜びを感じています。ただし、楽しさを壊すような人や事には不快を感じます。

　そのようなときには、思考表現度9、感情表現度8を感じられる噴水に出会うといいでしょう。よりありのままに純粋であることの必要性を感じさせ、他者への失望を和らげることでしょう。

〈控えめな人〉

　控えめな人は、思考表現度は4、感情表現度は3など。長い目で物事を考えられる視点があり、良い意味で自分に合った生き方を追求している人といえます。一方で、無口で内気で内向的なよそよそしい人と見られることも少なくありません。しかし、自分の考えや気持ちが出せないわけではないのです。

　いつもより表現度の高い、思考表現度5、感情表現度4などの噴水に出会うと、人の気持ちを深く感じるようになるはず。必要に応じて自分の気持ちや考えを打ち明けることのできる人だと見られるようになるでしょう。

〈頑固な人〉

　頑固な人は、思考表現度は9、感情表現度は5など。自分の理想を叶えたいという強い欲求があり、自分の価値観を重視するあまり、人に考えを押しつける、人の話に耳を貸さないところがあります。

　思考表現度5、感情表現度5のバランスを感じられる噴水が、人の考えや気持ちを受け入れるために、自分の考えはひとまずわきにおくことの大切さを教えてくれるでしょう。

〈優しい人〉

　優しい人は、思考表現度は7、感情表現度は8など。コミュニケーション能力が高く、人の気持ちや考えに配慮しようと努力します。また、自分の働きにやりがいを感じています。しかし、他人に優しくする一方で、自分には厳しくしてしまう人もいます。

　思考表現度8、感情表現度7を感じられる噴水が、本当の意味で人に優しくするには、何よりも自分自身が自分の優しさに触れることだと教えてくれるでしょう。

〈自己中心的な人〉

　自己中心的な人は、思考表現度は6、感情表現度は9など。良くいえば自分の世界をもっていて、自分に自信がある人が多いです。「我が道を行く」を体現したような人であり、周りのことが見えていないことも多いので、物事の本質が見極められず、他者との衝突も少なくありません。

　思考表現度8と感情表現度2を感じられる噴水に出会うことで、一度冷静になって周囲を見られるようになります。それにより、自分の情熱を健全に発揮できることに気づかせてくれるはずです。

〈完璧主義な人〉

　完璧主義な人は、思考表現度は8、感情表現度は4など。何事にも高い目標をもって、常にもっと良いものを追求します。追求するための知識や技術の習得に貪欲ですが、一度「これだ！」と決めると、突っ走る傾向があって、それは時に、大失敗を招きます。

　思考と感情の差をもう少し広げるために、思考表現度9と感情表現度3を感じられる噴水をおすすめします。物事への探究心を高め、気持ちを更に落ち着かせることは、より良いものを受け入れる余裕となることに気づかせてくれるからです。

〈チャレンジする人〉

　チャレンジする人は、思考表現度は5、感情表現度は9など。あらゆる可能性を検討して、さまざまな難題に挑みます。不可能を可能にすることにやりがいを感じているからです。それゆえに、苦しくても止めることができなくなることがあります。また、一か八かをやることも少なくありません。

　そのようなときには、思考表現度9、感情表現度5を感じられる噴水に出会うといいでしょう。やるかやらないか、成功か失敗かといった極端な傾向から抜け出すには、興奮を抑え、カンやヒラメキに頼らないことも必要だと気づくことが大切だからです。

〈ひとりが好きな人〉

　ひとりが好きな人は、思考表現度は5、感情表現度は4など。自分のもっているエネルギーのすべてを自分のことに向けることができます。見方によっては有能な人といえるでしょう。ただし、裏を返せば他人や余計なことにエネルギーを消耗したくない人。自分の心を他人にオープンにすることがないので、人と打ちとけるのが苦手なことも少なくありません。

　思考表現度5、感情表現度8を感じられる噴水への出会いが有効です。ひとりが好きであることは変わらなくても、一生懸命にやっている姿を見てもらうことは、周囲との関係に変化をもたらす可能性のあることを気づかせてくれるでしょう。

〈縁の下の力持ちの人〉

　縁の下の力持ちの人は、思考表現度は5、感情表現度は3など。私が、私がと前に出ることはせず、他者と協力し合うことを大切にします。自分のできることを慎重に行なう無欲な人であるがゆえに、人の良さをつけ込まれて、利用されることも少なくありません。

　そのようなときには、同じ思考表現度5と感情表現度3を感じられる噴水を。ポイントは、素晴らしい個性を埋没させないことです。目の前にまるで今の自分がいるかのように感じることは、周囲の人から頼りにされ、身近にいて欲しいと思ってもらえる存在であることに気づかせてくれます。そして、その強い自覚がつけ込む隙を与えなくさせるでしょう。

〈誠意ある人〉

　誠意ある人は、思考表現度は4、感情表現度5など。人に対して親切。その温和さと控えめさに人の良さが出ているような人です。しかし、自己主張が希薄なため、周囲の人に物足りなさを感じさせてしまっているのではと思い悩むこともあります。

　今の自分をほんの少しだけ強く感じられる思考表現度5、感情表現度6の噴水に出会うことで、あらためて自分の慎み深い謙虚な性格を実感することができるはず。きっと、今のままで良いということに気づくでしょう。

〈理想を求める人〉

　理想を求める人は、思考表現度は8、感情表現度は10など。理想を求めるために純粋さと強い気持ちをもち、自分の生き方にこだわる人です。しかし、その理想が高いゆえに、叶えられないことへのもどかしさが募ることもあります。

　噴水としての理想的な表現度バランスである思考表現度10と感情表現度6を感じられる噴水が、あなたの理想への追求心を讃え、同調し、落ち着かない心を癒してくれるでしょう。

　次ページの表は、「基本的マッチングパターン」を示しています。こちらも参考にしてください。

〈基本的マッチングパターン〉

思考が低く感情が高い人

感情表現が上手な一方で、考えることが苦手なため、混乱すると、感情がコントロールできなくなることもあるタイプです。

マッチする噴水と、もたらされる効果

思考が**高く**感情の**低い**噴水
▶▶▶ 成長、教育、気づき、調整、希望、思慮、挑戦

思考が**低く**感情の**高い**噴水
▶▶▶ 癒し、安心、安定、楽しさ、嬉しさ、幸せ、激励

思考が高く感情が高い人

冷静に物事を考えられ、感情の使い方も知っています。しかし、その高さゆえに疲れることも多く、リズムが崩れると混乱するタイプです。

マッチする噴水と、もたらされる効果

思考が**低く**感情の**低い**噴水
▶▶▶ 成長、教育、気づき、調整、希望、思慮、挑戦

思考が**高く**感情の**高い**噴水
▶▶▶ 癒し、安心、安定、楽しさ、嬉しさ、幸せ、激励

高 ← 感 → 低
低 ← 思考 → 高

思考が低く感情が低い人

論理的に考えるのが苦手で、感情も表に出さないため、周囲に誤解を与えることもありますが、協調的で、自分自身の心に忠実なタイプです。

マッチする噴水と、もたらされる効果

思考が**高く**感情の**高い**噴水
▶▶▶ 成長、教育、気づき、調整、希望、思慮、挑戦

思考が**低く**感情の**低い**噴水
▶▶▶ 癒し、安心、安定、楽しさ、嬉しさ、幸せ、激励

思考が高く感情が低い人

客観的な視点から道筋を立てることが得意な一方で、感情が上手く表わせないことも多いため、業務的で機械的な印象を与えるタイプです。

マッチする噴水と、もたらされる効果

思考が**低く**感情の**高い**噴水
▶▶▶ 成長、教育、気づき、調整、希望、思慮、挑戦

思考が**高く**感情の**低い**噴水
▶▶▶ 癒し、安心、安定、楽しさ、嬉しさ、幸せ、激励

◎おわりに

　世界には本当に数多くのさまざまな噴水があります。
　噴水を巡り歩いて、はや38年。
　「たくさんの噴水を見てきたのは、どうして？」と問われるならば、やはり「噴水が好きだから」と答えるでしょう。
　噴水も人も長い歴史の中で育まれてきています。私にとって、そんな噴水との関わりがもつ意味は、単に38年続けてきたということ以上の重みがあります。そんな思いを凝縮して、いつも「噴水が好きだから」と答えています。
　本書の内容は、数多くの噴水を見てきた私の経験に基づいています。出会った一つひとつの噴水には癒しがあり、それぞれの意味がありますが、そのなかからとくに印象的だった噴水、私が大好きな噴水を拾い上げました。どの噴水も人と向き合っているように感じ、その〝声〟を聞くようにしてメッセージを受け止めました。その内容は、きっと誰かの役に立つと思いながら本書を書きました。
　読者のみなさんも、同じような視点で噴水と向き合ってみてください。きっと人を理解する助けにもなることでしょう。そして、噴水は、私たちの人生に必要なものを与えてくれていると実感できることでしょう。
　噴水が「家族や友人、知人、世界中の人たちの安心と安定した日々の土台となったらいい」。じつは、本書で噴水について語りながら、このことを皆さんにいちばん伝えたかったのです。

　この土台さえあれば、悩みがまた新たな悩みを生むような日常生活において、前向きな気持ちを失わずに生きることは、けっして特別なことではなく、ごく普通なことになるのです。そのために、本書で取り上げた内容がみなさんの人生の一助になることを願ってやみません。

改めて、38年。

すでに数多くの噴水を見てきましたが、私と噴水はこれからまた未来に向けて歴史が積み重ねられていきます。噴水の存在が、もっと多くの人の身近な存在となり、幸せの助けになるように、さらに探求し続けていきたいと思っています。

数多くの噴水を巡り歩きお邪魔していますと、メンテナンスや修理のタイミングだったり、噴出時間や噴出時期ではないタイミングだったりすることもあります。しかし、そんなときでも、多くの関係者のみなさまがたいへん丁寧な応対をしてくださいます。

この場を借りて深く感謝申し上げます。とくに、本書で取り上げました京都府向日市の噴水通りにある噴水を管理されている京都府向日市役所公園住宅課の富田英治様、野中裕平様をはじめ、噴水の管理運営をされている各都道府県の自治体関係者のみなさま、国内外のレジャー施設運営企業などの関係者のみなさまには、取材および鑑賞へのご協力を賜り、心から感謝致します。

同時に、さまざまな立場のたくさんの皆様方から、噴水の奥深さについて教えていただきました。ありがとうございました。

さらに、世界各国で知り合った124名もの熱狂的な噴水好きの友人や噴水心理研究士、出版を応援し待っていてくれた竹内憲太郎さん、そして、私が創始したトラベルサイコセラピーのトラベルサイコセラピストの方たちからいただいたたくさんの応援は、大きな支えになりました。

また、編集者の稲佐知子さん、そして何よりも、本書は出版社である総合出版コスモ21の代表取締役社長である山崎優氏のご支援なしには生まれなかったと思います。ここに心からお礼を申し上げます。

みなさん、本当にありがとうございました。

2019年7月

地蔵保幸

生きづらい自分がすーっと楽になる
「こころのゆるめ方」

2019年8月10日　第1刷発行

著　者————地蔵保幸

発行人————山崎　優

発行所————コスモ21
〒171-0021　東京都豊島区西池袋2-39-6-8F
☎03(3988)3911
FAX03(3988)7062
URL https://www.cos21.com

印刷・製本——中央精版印刷株式会社

落丁本・乱丁本は本社でお取替えいたします。
本書の無断複写は著作権法上での例外を除き禁じられています。
購入者以外の第三者による本書のいかなる電子複製も一切認められておりません。

©Jizo Yasuyuki 2019, Printed in Japan
定価はカバーに表示してあります。

ISBN978-4-87795-382-9 C0011

◆地蔵保幸 著　既刊本

一瞬で自分を変える8タイプ旅行術
トラベルサイコセラピー「旅行の心理療法」

自分にやさしい「癒しのある旅」に変えるにはどうしたらよいか、本書の設問に答えていけば、あなたにピッタリの旅行先が見えてくる！

Kindle 等電子書籍として購読可　　本体 1,400 円　四六判 200 ページ

トラベルサイコセラピー　「自分」を見つける心理療法

癒しの効果があるといわれる旅行と心の働きを結びつけた、心理療法『トラベルサイコセラピー』。「自分じゃない生き方」ではなく、「自分がラクに感じられる生き方」が見つかる！

本体 1,400 円　四六判 172 ページ

合わせ方が9割　なぜ人とうまくつき合えないのか

人付き合いが難しいのは、言葉のやりとりも、その背後にある感情をキャッチボールする難しさにあると言う。素敵なコミュニケーションには、求めるよりも、自分から相手の感情に合わせること、そのヒントの数々。

Kindle 等電子書籍として購読可　　本体 1,300 円　四六判 168 ページ

「演じる」技術で人間関係は劇的によくなる！

「あんなヤツは！」「どうせ自分は！」と、あきらめていませんか？
コミュニケーションツールとして「視線」「声の調子」「相手との距離」「体の姿勢・方向」「動作」「顔の表情」という6つ表現方法を演じる技術として取り上げる。イラストを使って34のシーンごとにわかりやすく解説。

Kindle 等電子書籍として購読可　　本体 1,400 円　四六判 216 ページ